いきもの人生相談室

動物たちに学ぶ47の生き方哲学

監修 今泉忠明
文 小林百合子
絵 小幡彩貴

はじめに

この本は、イロイロないきものたちが人間の抱えるお悩みについて親身になって考えてくれる、いっぷう変わったお悩み相談ブックです。

こんな本をつくろうと思ったのは、以前見たあるドキュメンタリー映像がきっかけでした。それはアフリカのサバンナでの光景。ほとんどの水場が干上がってしまう乾季のある日、かろうじて残った水たまりに動物たちが集まってきます。驚いたことに、普段は食う／食われるの関係であるライオンとシマウマが肩を並べて水を飲んでいるじゃないですか！ 水がなければどんな動物も生きていけませんから、このときばかりは敵味方関係なく、そこにいる全員が「今を生き抜く」ことに集中していたのです。


人間は地球上で唯一、未来について想像できる動物と言われています。だからこそ将来に不安や期待を抱いたり、準備したりします。でもあまりに多くを考えるものだから、つい頭の中がややこしくなってしまいがち。

ならば、そんなモヤモヤした悩みを動物たちに聞いてもらってはどうだろう。彼らの人生モットーは「今を生きる！」ですから、答えはとてもシンプルなはず。それに長い地球の歴史の中で、淘汰されずに生き残ってきた面々ですから、その「生きる力」は相当なものでしょう。

もちろん、私たちは動物の言葉を理解できませんから、この本では厳しい環境に生きる動物の生態や行動を紐解き、そこから人間のお悩みを解決するヒントを探りました。協力していただいたのは、私が知りうるホモ・サピエンスのなかで、野生動物の行動に最も精通する動物学者の今泉忠明先生。知恵と工夫に満ちた生活、命をつなぐための涙ぐましい努力、そして家族への愛や集団の和を重んじる姿勢。動物たちの知られざる姿をたくさん教えていただき、いつしか私自身の悩みも消えていました（役得！）。

動物たちの辛辣かつ愛のある人生案内。悩める人もそうでない人も、きっと楽しめます。そして明日からを楽しく、前向きに生きるためのヒントを、ひとつでも見つけていただけたらうれしく思います。

いきもの人生相談室　もくじ

はじめに　2

生活のお悩み

お金があるとすぐ使ってしまいます。　10
アラフォーなのに貯金0で将来不安です。
40歳を過ぎてもいまだに独身で　12
老後のおひとりさま生活が怖いです。
最近、髪が薄くなってきました。　14
まだハゲと呼ばれたくありません。
仕事中、お菓子ばかり食べてしまい　16
いっこうにダイエットできません。
貧乏性で物を捨てることができません。　18
どうしたら断捨離できるでしょうか？
賃貸生活か、マイホーム購入か。　20
結局どっちのほうがいいんでしょう？
毎日イライラして何も手につきません。　22
どうしたら心と体が整いますか？
給料が安すぎてギリギリの生活です。　24
どうしたら節約できますか？
無職で大学卒業後も実家暮らし。　26
親のスネかじりはいつまで許される？

コラム
今泉先生の動物よもやま話　生活編　28

家族のお悩み

家で妻が口をきいてくれません。　30
倦怠期の乗り切り方を教えてください。
もうすぐ出産です。夫をイクメンに　32
するにはどうしたらいいですか？

30歳の息子はいまだに実家暮らし。親離れさせるにはどうすれば？ —— 34
子どもがひどい偏食です。どうしたら好き嫌いをなくせますか？ —— 36
妻に子守りを手伝えと言われ子育てが面倒になることがあります。 —— 38
単身赴任3年目です。私は妻子にお金を送るだけの存在なのでしょうか？ —— 40
中学2年生の娘がスマホ中毒です。風呂でもトイレでも携帯を手放しません。 —— 42
「母の味付けと違う」が口癖の夫。マザコン偏食をどうにかしたい！ —— 44
妻と子に迫られ、郊外に家を購入。往復3時間の通勤が苦痛です。 —— 46
小3の子どもが勉強しません。どうしたら勉強するようになりますか？ —— 48
子どもが保育園に入れません。仕事復帰は諦めるしかないの？ —— 50
コラム 今泉先生の動物よもやま話 家族編 —— 52

仕事のお悩み

すぐに部下を叱ってしまいうまく力を引き出せません。 —— 54
自分の仕事が早く終わってもみんなが働いていたら帰っちゃダメ？ —— 56
周囲の目が気になりすぎてプレゼンが思うようにできません。 —— 58
就職活動って、みんなと同じようなスーツを着ないとダメなんですか？ —— 60
職場で〝お局〟扱いされている私。若い女子に煙たがられて、つらいです。 —— 62

社内イジメがひどくてもう限界です。転職したら状況を変えられますか？ 64
部署内の競争で足の引っ張り合い。人を蹴落としていくしかないの？ 66
会社に親友と呼べる友達がいません。社会人ってみんなそんなもの？ 68
交渉相手とすぐケンカになります。穏便に収めるコツはありますか？ 70
生まれてこのかた無趣味です。仕事のストレスが発散できません。 72
コラム
今泉先生の動物よもやま話　仕事編 74

恋愛のお悩み

同じクラスに好きな女子がいますが僕に全然興味をもってくれません。 76
彼氏とケンカばかりしています。もう別れたほうがいいのかな？ 78
張り切ってプレゼントするのですがいつも彼女の反応がビミョーです。 80
地味なルックスのせいでモテません。どうしたら彼女ができますか？ 82
つきあった瞬間に彼女が豹変……。もっと清楚で優しかったのに！ 84
20歳年上の男性に恋しました。これってヘンでしょうか？ 86
フィギュア集めが大好きです。彼女には捨てろと叱られるのですが……。 88
女子なのに身長が175cmあります。背が高すぎてモテません。 90
仕事が忙しく、出会いがありません。一生独身かと思うと寂しすぎます。 92

コラム
今泉先生の動物よもやま話　恋愛編　94

学校のお悩み

大学受験に失敗しました。
僕の人生、終わりでしょうか？　96
クラスでイジメにあっています。
もう学校に行きたくないです。　98
人見知りが激しくて
新しいクラスに馴染めません。　100
人に流されず、自分らしく
生きるにはどうしたらいいですか？　102
毎日学校に通うのが面倒です。
なぜ行かなくちゃいけないの？　104
イジメられている子がいます。
助けたいけど勇気が出ません。　106
クラスで目立つことをすると
悪口を言われそうで怖いです。　108
勉強も運動もいつも中の下。
劣等生の自分が嫌いです。　110
コラム
今泉先生の動物よもやま話　学校編　112
生き方を教えてくれたいきもの図鑑　113

生活のお悩み

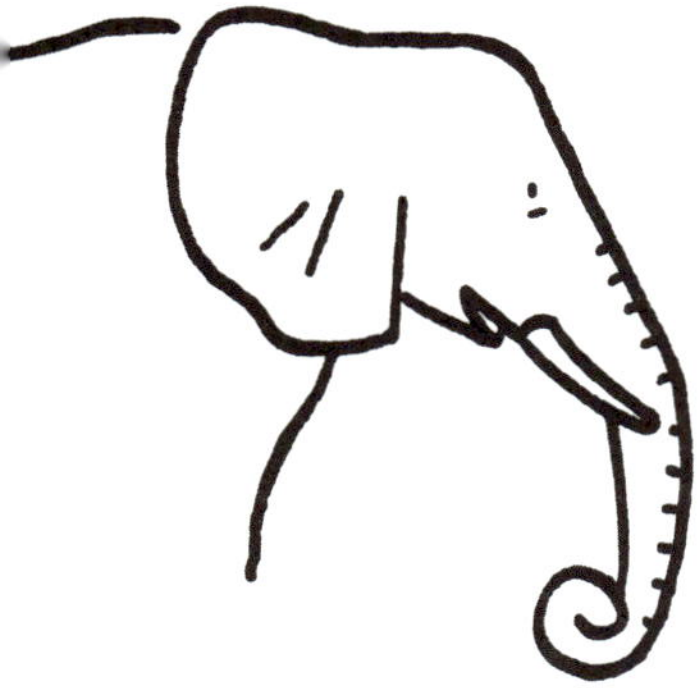

Q

お金があるとすぐ使ってしまいます。アラフォーなのに貯金0で将来不安です。

（38歳／女性）

A

回答者⇩〝貯蓄の鬼〟ニホンリスさん

自分でも忘れるほどあちこちに貯めたら無駄遣いしたくてもできなくなります。

回答者プロフィール

名前	ニホンリス
住んでいる場所	日本（本州から九州）
体長	18～22cm
体重	210～310g
好きな食べ物	クルミ　きのこ　木の実
苦手なもの	キツネ　テン　タカ

厳しい冬を生き抜くためのリス流〝分散型貯蓄〟。

あったらある分だけ使うなんて、人間も動物なんですね（笑）。冬眠をしない僕たちにとって、食べ物が減る冬は正念場。だから秋になると本能的にどんぐりやクルミを集めたくなって、地面の下や木の洞に蓄えます。人間の貯金と同じです（リスの場合は貯食）。僕だってあればある分だけ食べたいという衝動にかられます。そこで編み出したのが、とにかくあちこちに貯食する技。もし食べたいと思っても、「あのクルミはどこに埋めたっけ？」となるので、ソッコーで掘り起こして食べちゃうということにはなりづらいのです。衝動的な無駄食いを防ぐための「分散型貯食」ですね。人間でいえば、いくつかの口座に分けて貯金する感じでしょうか。口座がたくさんあれば、どこにどれだけ蓄えがあるかあやふやになってくるので、自然とお金が貯まります。ちなみに僕は埋めたクルミのことをすっかり忘れて発芽させたり、ネズミに食べられることもしばしば（汗）。でもそれくらい適当なほうが、じっくり確実に貯められるみたいです。

Q

40歳を過ぎてもいまだに独身で老後のおひとりさま生活が怖いです。

（43歳／女性）

A

回答者⇩〝年功序列〟のアフリカゾウさん

人生で培った知恵と経験があれば仲間に慕われ、老後もにぎやかです。

回答者プロフィール

名前	アフリカゾウ
住んでいる場所	サハラ砂漠より南のアフリカ
体長	5.4～7.5m
体重	3～6t
好きな食べ物	木の葉　木の枝　果実
苦手なもの	ライオン　ハイエナ　人間（密猟者）

群れのリーダーは、おばぁ。楽しい老後は年の功あってこそ。

ひとりぼっちの老後……ぞっとしますね。私たちの寿命は60年ほど。普段は群れで暮らしていますが、メンバーはおばあちゃん（私）と娘、孫たち。男は大人になると群れを出て行くので、女ばかりの集団ですね。「夫がいなくても家族がいるからいいじゃない」と思いますか？　でも野生動物の場合、狩りができない老人は群れから追い出されたり、誰の助けも得られず孤独に死んだりするのがほとんど。そんななか、アフリカゾウの群れは最年長のおばぁがリーダー。長年の経験から水や獲物が得られる場所へ群れを率い、危険が迫ったときはあまたの修羅場をくぐってきた知恵で群れを守ります。だから少々体が衰えていてもみんなに頼られ、大切にされるんです。たとえ家族がいなくても、周囲の人を助けたり、知恵を分けたりしていれば、必ず人から必要とされます。そのためには若いころから多様な経験をし、知恵を蓄積することが大切。いろいろなことに挑戦して、みんなから頼られる素敵なおばぁになってください。

Q

最近、髪が薄くなってきました。
まだハゲと呼ばれたくありません。

(37歳/男性)

A

回答者⇩〝ハゲ界の希望〟ハゲウアカリさん

ハゲをチャームポイントにしたら
人生が劇的に変わるかもしれません。

回答者プロフィール

名前	ハゲウアカリ
住んでいる場所	南アメリカ北西部
体長	38~57cm
体重	3~3.5kg
好きな食べ物	昆虫　木の葉　果実
苦手なもの	ワシ　ワニ

〝赤ハゲ珍獣〞でブレイク！　私は薄毛で人生変わりました。

ハゲと呼ばれるのが恥ずかしい？　そんなのは人間の勝手な先入観です。「赤ハゲ珍獣」なんて呼ばれる私の立場はどうなりましょうか（☞写真はP.115）。私の頭はというと、頭頂部まで髪が後退した完璧なU字形ハゲ。「酔っ払いオヤジ」と揶揄される赤ら顔なうえ、額にはお尻のような割れ目まで！　薄毛・尻額・赤ら顔という三重苦を抱えるのは猿界広しといえどもわれわれだけでしょう。でも驚くなかれ、メスに人気があるのはより赤ら顔のオス。これは血色の良さの表れで、「健康そう！」と、強い子孫を残したいメスにモテまくるわけです。毛が薄いほど顔の面積も大きくなるので、ハゲも大切なモテ要素。最近はその強烈なビジュアルから人間界でも人気急上昇中です。考えてもみてください。何の特徴もないフツーな顔より、薄毛でも個性があったほうが印象に残りますし、思わぬきっかけでチャームポイントに転じることも。「ハゲ=カッコ悪い」という先入観を捨て、ひとつ個性が増えたと思って前向きに捉えてみては？

Q

仕事中、お菓子ばかり食べてしまい
いっこうにダイエットできません。

（24歳／女性）

A

回答者⇩〝大食い王〟オオアリクイさん

〝食べたら動く〟習慣をつければ
いっぱい食べてもだいたい大丈夫です。

回答者プロフィール

名前	オオアリクイ
住んでいる場所	中央アメリカから南アメリカ
体長	1〜1.2m
体重	20〜39kg
好きな食べ物	アリ　シロアリ　昆虫
苦手なもの	ジャガー　ピューマ

食事は１日２万匹のアリ。体も環境も健康に保つ秘訣とは？

名前からお察しのとおり、私の好物はアリとシロアリです。地中の巣を掘り起こしたり、タワー状のシロアリの巣（蟻塚）に舌を突っ込んで舐めたり、とにかくアリが大好き。1日に食べる数は2万匹ほど。でもたくさんアリがいても一カ所で食べ続けることはなく、数千匹食べたら別の蟻塚へ。食べては歩きを繰り返します。のんきな生活に見えるかもしれませんが、私たちの仕事はテリトリーを守ること。少しずつ食事をするのは、食事とパトロール（仕事）を効率良く行うためなのです。食べては移動を繰り返していれば、アリの巣を全滅させることがないので、生態系を健全に保つことにもつながって、いいことだらけ。人間も席でずっとお菓子を食べていると体に悪いですし、怠け者と思われることも。自分も周囲も健全に保つために、食べたら動く習慣をつけてはどうでしょう。コピー機のトナーを替えたり郵便物を配ったり、自発的に動くことで周囲の評価も上がり、カロリー消費にもなって、ダイエットにもつながるはずですよ。

Q

貧乏性で物を捨てることができません。
どうしたら断捨離できるでしょうか？

（25歳／男性）

A

回答者⇩〝極度の心配性〟ドングリキツツキさん

人生において「本当に必要」と思うなら
無理に捨てることはありません。

回答者プロフィール

名前	ドングリキツツキ
住んでいる場所	北アメリカ西部から南アメリカ北部
全長	約23cm
体重	65～90g
好きな食べ物	どんぐり　昆虫　果実
苦手なもの	キツネ

他人にとってはガラクタでも、自分にとっては宝物。

せっかく買った物を必死に捨てようとするなんて、人間は不思議ないきものですね。ドングリキツツキはその名のとおり、どんぐり集めがライフワーク。集めたどんぐりは貯蔵用の木に穴を開けて、1粒ずつ保管します。1本の木に数万個も溜め込むので、木を腐らせたり、電柱をダメにして停電を起こしたりして迷惑をかけることも（反省）。わざわざそんなことをするのは、どんぐりが大切な食料だから。平常時はよくても、子どもが生まれたり食べ物が減ったりしたら大変。万が一を思うとやめられないのです。あなたは貧乏性というより、私たちと同じく心配性なのかもしれません。使っていない物でもいざ捨てようとすると「いつか使うかも……」と手放せない。よーくわかります。心配性はすぐには変えられないので、まずは冷静に、その物がどんな場面で必要になりそうかを考えてみてはどうかしら。その上でやっぱり必要だと思うなら、すぐに捨てることはありません。ただ、あまり人に迷惑をかけないよう注意してくださいね。

Q

賃貸生活か、マイホーム購入か。
結局どっちのほうがいいんでしょう？

（32歳／男性）

A

回答者 ⇩ 〝住み替えのプロ〟ホンヤドカリさん

一生同じ家に住むなんてナンセンス！
自由のきく賃貸のほうが身軽で楽しい。

回答者プロフィール

名前	ホンヤドカリ
住んでいる場所	北海道から九州とその周辺　ロシア　韓国など
全長	6cm 以下
体重	不明
好きな食べ物	海藻　魚の死骸
苦手なもの	大きい魚　タコ　カニ

家＝人生のサイズ。若いうちは身軽に引っ越しできる環境を。

ヤドカリが背負っている貝殻。これは生まれ持ったものではなく、ある程度成長してから自力で探すもの。脱皮をして体が大きくなると貝殻が手狭になるので、小さいころは1カ月に何度も、その後は年に2～3度引っ越しが必要です。理想の住まい探しのコツは体に合ったサイズ感。いい感じの貝殻を見つけると、ハサミで挟んでサイズを測ったり、覗き込んで内見。形や色、質感もチェックします。好みはそれぞれで、ペットボトルのキャップに住んだりする奴も。中には貝殻にイソギンチャクをデコっているおしゃれさんがいるのですが（外敵から身を守るのに役立つ）、住み替え時にはイソギンチャクをくすぐって切り離し、新居に移し替え。好みのインテリアを選べば賃貸でも楽しめるんです。体のサイズも趣味も年々変わるわけですから、一生同じ家というのは無理な話。あなただって子どもが生まれたり親と同居したりと、この先いろいろあるでしょうから、人生のサイズ感が決まるまでは賃貸が身軽で便利だと思いますよ～。

Q

毎日イライラして何も手につきません。どうしたら心と体が整いますか？

（35歳／女性）

A

回答者⇩〝安眠マスター〟オランウータンさん

心地良いベッドでぐっすり眠れば心も体もすっきりします。

回答者プロフィール

名前	オランウータン
住んでいる場所	東南アジアのボルネオ島　スマトラ島
身長	1.1〜1.4m
体重	40〜90kg
好きな食べ物	果実　昆虫　樹皮
苦手なもの	トラ　ウンピョウ　人間

安眠は高等なサルの特権。ぐっすり眠って進化せよ！

オランウータンは人間と同じ霊長類のヒト科に属する動物。両者の DNA の違いは俗に約1%と言われていますから、似た者同士ですね。でも、私たちはイライラしたりしません。たぶんそれは毎晩ぐっすり眠っているから。私たちは一生を樹上で過ごします。食べるのも寝るのも木の上。毎日、眠るときは木の上にベッドをつくります（☞写真はP.117）。材料は木の枝や葉っぱで、それらを折っては重ねて、鳥の巣のような寝床をこしらえます。快眠を追求する場合は枕や掛け布団も用意。ごろんと横になれますし、寒さや雨風も防げて、朝までぐっすり。じつはこのベッドづくり、ゴリラやチンパンジーなどの大型類人猿もやります。でもテナガザルのような小型の類人猿はやりません。一説によるとベッドをつくって安眠することが類人猿の進化に大きな影響を与えてきたとか。人類の進化においても睡眠は大きな役割を果たしてきたのかもしれません。これからもっと進化するためにも、日々の睡眠環境を整えてみてはどうでしょう？

Q

給料が安すぎてギリギリの生活です。
どうしたら節約できますか？

（28歳／男性）

A

回答者⇩〝エコな賢者〟エゾモモンガさん

シェア、DIY、レンタルetc.
節約や省エネはいくらでもできます。

回答者プロフィール

名前	エゾモモンガ
住んでいる場所	日本（北海道）
体長	14～20cm
体重	150～200g
好きな食べ物	木の芽　花　種子
苦手なもの	フクロウ　クロテン　ヘビ

北国暮らしを支える、エコ＆エコノミーな節約生活術！

私が暮らす北海道の森は、1年の半分以上が雪と氷に閉ざされる極寒の地。体力を温存しないと春まで生き延びることができないので、省エネ生活がサバイブの鉄則です。たとえば家はキツツキが木に穴を開けてつくった巣穴（使用済み）です。これが体にぴったりで隙間風を防げますし、自分で穴を開ける必要もありません。真冬はコケを集めて毛布をDIY。身近にあるものを使えば手間も労力も省けます。モモンガといえばマント（皮膜）を広げて滑空するのが特徴ですが、これも省エネ作戦のひとつ。木から木へ移動しようとすると登り下りが大変ですが、空を飛べばあっという間。無駄な体力と時間を使わず移動することで、エネルギー消費を抑えているんです。節約と聞くと、歯を食いしばって我慢するようなイメージですが、少しの工夫で、ストレスなくエコでエコノミーな生活を送れるものです。あなたもお金を使う前に、身の回りの物で代用できないか、誰かとシェアできないかなど、エコなやり方を考えてみるといいですよ。

Q

無職で大学卒業後も実家暮らし。親のスネかじりはいつまで許される？

（26歳／女性）

A

回答者⇩〝仲良し家族〟ハイイロオオカミさん

親離れのタイミングは人それぞれ。大切なのは親元で何を学ぶかです。

回答者プロフィール

名前	ハイイロオオカミ
住んでいる場所	北アメリカ　ヨーロッパ　アジア　グリーンランド
体長	1〜1.5m
体重	12〜80kg
好きな食べ物	シカ　ウサギ　キツネ
苦手なもの	ハイイログマ

親元での学びは一生の宝。独立のタイミングはそれぞれです。

人間界では成人しても親元を離れずにいる子どもが多いと聞きます。が、動物界では稀で、オオカミの世界でも生まれて2年ほどして性的に成熟すると独立し、自分の群れをつくる旅に出ます。群れは 5～10頭ほどで、両親を頂点に基本的にその子どもたちからなります。子どもは順次独立していきますが、なかには大人になっても群れにとどまる子も。たいていは娘で、まだひとりで生きていく自信がないのでしょう。そういう子は「ヘルパー」といって、母の子どもの面倒を見たり、狩りを手伝ったりして過ごします。でも両親が頂点に立つ群れでは出産が許されませんので、家族をもつには勇気を出して独立しなくてはなりません。娘は両親の元で自活する術を学び、「もう大丈夫」という自信がもてたとき群れを出て行くのです。そのタイミングはそれぞれ。たとえ姉や妹が先に独立したとしても、何も焦ることはありません。親から学ぶことは人生で必ず役に立ちます。親元にいる間にしっかり学び、立派な大人になってください。

今泉先生の動物よもやま話

――生活編――

いきものを知り尽くした動物学者の今泉忠明先生に、相談者があれこれ質問。
人生に役立つ教訓をいただきます。まずはお悩みが尽きない生活編から。

今泉「おやA子さん、ため息をついてどうしましたか?」

A子「先生、ワタシ今日が38歳の誕生日なんです。彼氏もいないし、この先の人生どうなっちゃうかと思うとつらくて」

今泉「ネガティブはいけませんね。楽しい未来を想像しましょう」

A子「無理ですよ、そんなの!」

今泉「あのね、生物のなかで未来を想像できるのは人間だけと言われているんです。ヒトと最も近いとされるチンパンジーやオランウータンですら未来について考えることはできないの」

A子「じゃあ明日のことも考えていないんですか?」

今泉「彼らにあるのは今だけ。彼らと人とのDNAの違いは1%ほどと考えられていますが、そのなかに〝想像する〟能力があるわけです。だから人間は平和を思って戦争をやめることもできるし、未来を想像してワクワクすることもできる」

A子「たしかに前向きな想像をすれば、気持ちも明るくなります」

今泉「人間にしかない特別な能力ですから、せっかくなら幸せになるために使ったほうがよくないですか?」

A子「40歳の私は結婚して、かわいい子がいて犬も飼って……」

今泉「そう、その調子です!(笑)」

悩める人への教訓

**将来のことを考えられるいきものは人間だけ。
どうせなら不安ではなく、希望を想像しましょう。**

家族のお悩み

Q

家で妻が口をきいてくれません。倦怠期の乗り切り方を教えてください。

(46歳/男性)

A

回答者⇩〝鳥界きっての愛妻家〟オオハクチョウさん

共通の趣味をもったり、共同作業をすると新婚気分が戻ってイイ感じになれます。

回答者プロフィール

名前	オオハクチョウ
住んでいる場所	ユーラシア大陸北部　アイスランド　ヨーロッパ　アジア
全長	1.4～1.6m
体重	8～12kg
好きな食べ物	水草　水生昆虫　貝
苦手なもの	タヌキ　キツネ　テン

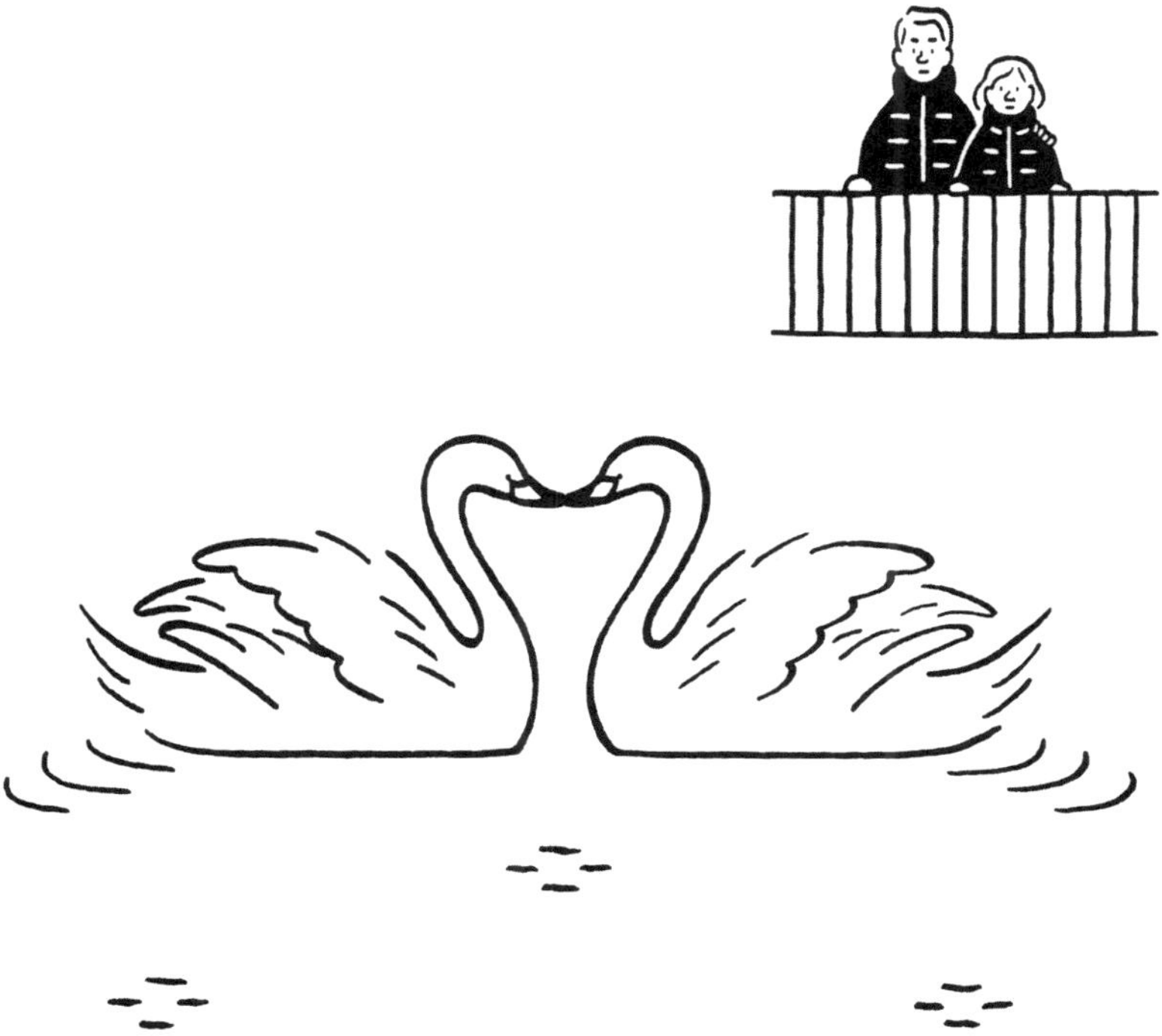

夫婦の絆を思い出すには、「一緒に何かをやること」が一番。

ハクチョウの夫婦の約90%以上は一生添い遂げる一夫一妻制。子どもが巣立っても別れることなく、また夫婦で新しい子どもをもうけます。人間の離婚率は年々高くなっていると聞きますが、あなたのところは大丈夫? でも、いくら仲良しのハクチョウ夫婦といえども、長年連れ添えば愛が冷めていくこともあります。そんなときは、若かりしころ、ふたりが燃えるような恋に落ちたときを思い出します。ハクチョウの求愛は情熱的で、2羽が向き合って羽を広げて鳴き交わしたり、キスのようにくちばしをつけたり、動きを合わせてダンスしたりします。同じように動くことで心まで通じ合うんですね。たまに熟年夫婦が愛のダンスをしていることがあるのですが、これは夫婦の絆を確かめるため。倦怠期に陥ったときこそ共同作業を怠らないんです。一度は愛し合い、ともに人生を歩むと決めたふたりです。新婚気分に戻って旅行をしたり、共通の趣味をつくって一緒に過ごす時間を増やしたりすれば、きっと仲良くやっていけますよ。

Q

もうすぐ出産です。夫をイクメンにするにはどうしたらいいですか？

（28歳／女性）

A

回答者⇩〝イクメン養成コーチ〟タツノオトシゴさん

産みの苦しみを体験させれば父親の自覚が芽生えるかも!?

回答者プロフィール

名前	タツノオトシゴ
住んでいる場所	世界各地の熱帯や温帯域の海
全長	1.4～35cm
体重	不明
好きな食べ物	小魚　プランクトン　甲殻類
苦手なもの	カニ　大型魚　エイ

オスが出産!? タツノオトシゴの衝撃イクメン育成法。

残念ながら、「出産・子育ては女性の仕事」という考え方は、動物の世界でも根強くあるのが事実です。でも、タツノオトシゴの夫婦には非イクメンは存在しません。なぜって私たちは夫に出産をさせるから。オスには育児嚢という子宮のようなものがあって、メスはそこに輸卵管を差し込んで卵を産みます。卵はオスの育児嚢の入り口で受精して2週間ほどで孵化しますが、稚魚はしばらく育児嚢に留まり、卵黄がなくなると、いよいよオスの〝出産〟です。オスは体を振り、いきむようにして稚魚を産みます。これを多いときで1年に3回も! ね、タツノオトシゴのお父さん、すごいでしょう? 人間の場合、さすがにコレは無理でしょうけれど、出産がどれほど大変かを体験してもらうことはできるはず。立ち会い出産や、父親教室への参加、最近は男性がお腹に重りをつけて歩く妊婦体験なんかもできるそうですよ。「出産ってスゴイ!」、そのリスペクトと感謝が父親としての自覚をもつ第一歩。良きイクメンへつながる道となるのです。

Q

30歳の息子はいまだに実家暮らし。
親離れさせるにはどうすれば？

（57歳／女性）

A

回答者⇩〝子育て名人〟ツバメさん

巣立ちは一日にしてならず。
少しずつ自立を促してあげなくちゃ。

回答者プロフィール

名前	ツバメ
住んでいる場所	ユーラシア　北アメリカ　南アメリカ　アフリカ
全長	11.5〜21.5cm
体重	10〜55g
好きな食べ物	昆虫
苦手なもの	カラス　ヘビ　猛禽類

追い出すだけはダメ。地道な自活訓練が巣立ちの後押しに。

ツバメの親にとっても子どもの巣立ちは大仕事。私たちは春ごろ南国から日本にやってきて産卵しますが、子育てはあっという間で、25日ほどで巣立ちの日。でもけっして、いきなり「飛べー!」と子を放り出すわけではありません（笑）。親はまず、巣の近くにある電線に止まって、食べ物で子どもを呼び寄せます。この最初の羽ばたきで失敗し、地面に落ちてしまう子も。そんなときは、子がもう一度飛べるまでじっと待ちます。電線まで飛べたら、次は空へと飛び立つ練習。今度も食べ物を運ぶそぶりを見せつつ寸止めして、羽ばたきを促します。お腹を空かせて鳴く姿を見るのはつらいですが、心を鬼にして。そうやって数日間羽ばたき練習をすると、一羽、また一羽と空へ羽ばたいていきます。子どもにとって巣立ちは命がけ。ひとりで生きていく自信を徐々にもたせてやるのが親の務めです。たとえば自炊や掃除をさせたり、家にお金を入れる習慣をつけさせたり、少しずつでいいので自立を促す工夫をしてはいかがでしょうか？

Q

子どもがひどい偏食です。どうしたら好き嫌いをなくせますか？

（34歳／女性）

A

回答者⇩〝食育推進派〟ツキノワグマさん

おいしい旬のものを一緒に食べて楽しく〝食育〟してみましょう。

回答者プロフィール

名前	ツキノワグマ
住んでいる場所	東アジア　南アジア　東南アジア
体長	1.4～1.7m
体重	42～120kg
好きな食べ物	植物　木の実　果実　昆虫
苦手なもの	人間

本当のおいしさ、教えてる？ 食育成功の秘訣は旬食材にあり。

「子どもの味覚は3歳までが勝負」なんて、人間界では言われているそうですが、ツキノワグマの場合は2歳までが勝負。たいていの子どもは1歳から2歳半で独り立ちするので、2年の間に「食育」をするんです。ツキノワグマは人間と同じく雑食で、植物や果実、昆虫などいろいろ食べます。春はブナの柔らかい新芽、初夏は山菜やタケノコ、夏は昆虫や果実、秋はどんぐりにきのこなど。どれも旬のものなので新鮮でおいしい。でもいつどこで、どんな食べ物が得られるか、子どもにはわかりません。だから親は子どもが独立するまでの間、四季折々のものを一緒に食べ歩くことで、旬の食べ物とそれがある場所、得る手段を教え込むんです。「おいしい!」という記憶は大人になっても残ります。いつでもなんでも手に入る人間界では難しいかもしれませんが、小さいうちから旬のおいしいものを食べさせることで、子どもの食の世界が広がることってあると思います。ぜひ親子一緒に、季節の食を味わってみてください。

Q

妻に子守りを手伝えと言われ
子育てが面倒になることがあります。
（32歳／男性）

A

回答者⇩〝世界一のイクメン〟コウテイペンギンさん

コウテイペンギンの父は全員
飲まず食わずのワンオペ育児です！

回答者プロフィール

名前	コウテイペンギン
住んでいる場所	南極大陸周縁
身長	1.1m
体重	35~40kg
好きな食べ物	魚　イカ　オキアミ
苦手なもの	シャチ　アザラシ

子を産み育てる真の苦労を知れば、良きイクメンになれるはず。

最近は人間界でもイクメンが増えて、お父さんもプレッシャーですね。が、子育てが面倒というのは困りましたね。自慢じゃないですが、僕らは「世界一過酷なイクメン」と言われています。というのもお母さんは年に一度、ひとつしか卵を産みません（絶対守らねば!!）。産卵を終えた母親は空腹を満たすために海へ出て、2カ月ほど不在に。その間、卵を託された新米父は、−60度ものブリザードのなか卵を温めます。卵は2カ月ほどで孵化しますが、そのころやっと母が戻ってきます。母の戻りが遅れると、赤ん坊の食事には父の胃や食道の粘膜が剥がれてできた緊急食、「ペンギンミルク」があてられます。まさに命を削った子育てです。数カ月後、母が戻ったときの安堵感といったら！　ほんの数カ月ですが、命がけで子育てに取り組んでわかるのは、お腹を痛めてわが子を産んでくれた母の偉大さ。あなたもぜひ一度、超過酷なワンオペ育児を体験してみてください。子育てが面倒だなんて、口が裂けても言えなくなりますから。

Q

単身赴任3年目です。私は妻子にお金を送るだけの存在なのでしょうか？

（42歳／男性）

A

回答者 ⇩ 〝寡黙な働きマン〟 オオサイチョウさん

妻と子に食べ物を運ぶこと数カ月……。子どもの顔すら見たことがありません。

回答者プロフィール

名前	オオサイチョウ
住んでいる場所	南アジア　東南アジア
全長	1.5m
体重	3～4kg
好きな食べ物	果実　木の実　昆虫
苦手なもの	ヘビ

男たるもの妻子のためにエンヤコラ。家族のために働こう！

妻子と離れて働くお父上、お疲れ様です。わたくしもあなた様同様、妻と子のために日々食べ物を運んでいる身でございます。わが家はジャングルにある大きな木の穴ですが、みごもった妻は外敵から身を守るため、内側から泥などで出入り口を塞ぎます。出入り口にはくちばしがギリギリ出し入れできる穴を開けていて、わたくしは毎日そこから木の実や昆虫を巣に差し入れるのですが、妻と子の顔を見ることはできません。出産後、妻は3カ月ほどで泥壁を破って巣を出て行きましたが、残された子はまた泥で穴を埋めてしまい、わたくしは相変わらず毎日食べ物を運んでいる次第です。あなたは時には家に戻って家族団らんの時間を過ごせるかもしれませんが、わたくしの場合、見えるのは妻と子のくちばしの先だけ。あ、「メシよこせ!」という声も聞こえますね。でもやっぱり家族が平和に暮らせることが家長としての幸せです。一抹のわびしさはありますが、それが男というもの。がんばって家族を支えていきましょう。

Q

中学2年生の娘がスマホ中毒です。風呂でもトイレでも携帯を手放しません。

（41歳／男性）

A

回答者⇩〝しつけ上手〟チーターさん

スマホより面白いことがあるって教えてあげたらいいんじゃない？

回答者プロフィール

名前	チーター
住んでいる場所	アフリカ　南アジア　中東
体長	1.1〜1.3m
体重	39〜65kg
好きな食べ物	インパラ　ガゼル　ノウサギ
苦手なもの	ライオン　ハイエナ　ヒョウ

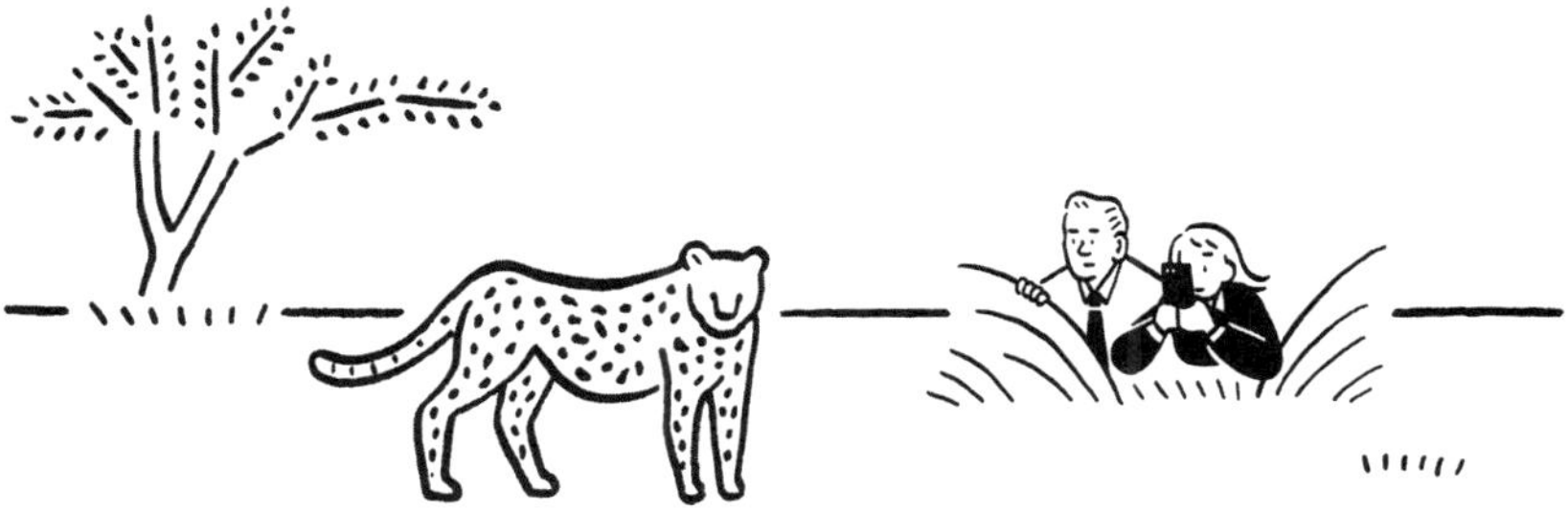

子どもを成長させてくれるのは、新しい世界との出会い。

子どもというのは、目先の面白いことに没頭してしまうものですね。私には3頭の子どもがいますが、兄弟で追いかけっこをするのがブーム中。遊びに夢中なときは母の声に耳を貸しもしません。でも最近は狩りに興味を示し始めて、外の世界の面白さに気づいてきたようです。チーターの子は1年半~2年で独立するので、親元にいる間に狩りの技術を学ぶ必要があります。最初は親が追い詰めた小さな獲物を追わせるのですが、追いかけっこの延長のような感じで、せっかく捕まえた獲物と一緒に遊んでしまうことも（涙）。でも私がとどめを刺して食べるのを見せてやると、「これが狩りなのか、面白い!」と、ハマった様子。まだまだ兄弟で遊ぶほうが好きですが、狩りを始めてからは言うことも聞くようになったような気がします。子どもの興味はきっかけひとつで更新されていくものです。世界は広くて、面白いことがたくさんあるんだよ。そう教えてあげることで、娘さんもスマホ以外にハマることを見つけられるかもしれません。

Q

「母の味付けと違う」が口癖の夫。マザコン偏食をどうにかしたい！

（24歳／女性）

A

回答者⇩〝母の味の伝道師〟コアラさん

母の味は何よりも強し！戦わず、義母の味を学んでみては？

回答者プロフィール

名前	コアラ
住んでいる場所	オーストラリア東部
体長	65～82cm
体重	5.1～11.8kg
好きな食べ物	ユーカリ
苦手なもの	猛禽類　キツネ　ディンゴ

育ててくれた実母の味。マザコン偏食を乗り越えるのは無理!?

男性によくあるマザコン偏食! でも人間はいいほうで、コアラは生涯〝母の味〟から逃れられません。ご存じのとおり、コアラはユーカリの葉しか食べない偏食動物。さらにユーカリは500種以上あるにもかかわらず、幼少期に食べたことのない種類は大人になっても口にしません。その理由はユーカリが含む毒性。コアラはその毒と、消化しにくいユーカリオイルを含む葉を分解する微生物を腸内にもっていて、赤ちゃんは母のウンチを食べる(!!)ことでその微生物を受け継ぐんです。でもそれは特定のユーカリに対してのみ有効な微生物ですから、母と同じ種類のユーカリを食べ続けるのは、いってみれば仕方のないこと。究極のマザコン偏食は命を守る策というわけです。幼少期の食体験というのは強烈に残るもの。まずは健康的に食べることが何よりですから、ここはひとつ、何品かでも義母の味を受け継いでみては? 徐々に奥様のアレンジを加えていけば旦那さんも慣れて、楽しい食卓を囲めるようになるかもしれません。

Q

妻と子に迫られ、郊外に家を購入。
往復3時間の通勤が苦痛です。

（36歳／男性）

回答者⇩〝通勤パパ〟フィヨルドランドペンギンさん

A

子どもが巣立てば引っ越しもアリ。
今は家族のために忍耐あるのみ！

回答者プロフィール

名前	フィヨルドランドペンギン
住んでいる場所	ニュージーランド南西部
身長	40〜55cm
体重	2.5〜4.8kg
好きな食べ物	魚　甲殻類
苦手なもの	テン　ネズミ　イヌ

妻と子を守る決死の通勤。父は太くて強い大黒柱であれ！

通勤ラッシュに耐えているお父さん、お疲れ様です！　かくいう私たちも日々、折れそうになる心を保って通勤しております。私たちの仕事は家族のために食べ物を獲ることですから、職場は海。本来なら海の近くに巣をつくればいいのですが、開けた場所はカモメなどの天敵から丸見え。卵やヒナを守るためには森に巣をもつほうが安全なのです。食欲旺盛なヒナに食べ物を与えるため、オスは毎日数時間かけて森と海を往復します。倒木を乗り越え岩を登り、川を泳いで海へ。帰るころにはボロボロです。でもその甲斐あって、ヒナたちは2~3カ月で巣立ち。夫婦だけになれば森（郊外）に暮らす必要はないので、海で気ままに暮らします。お互い、今はただ子どもの成長のため、忍耐あるのみ。子どもと一緒に過ごせる時間は意外と短いものです。たとえば休日は郊外ならではののんびりした時間を家族で過ごしてリフレッシュするのはどうですか？　家族の絆が深まれば、つらい通勤も少しは前向きに考えられるはずです！

Q

小3の子どもが勉強しません。どうしたら勉強するようになりますか？

（38歳／女性）

A

回答者⇩〝熱血教育ママ〟ミーアキャットさん

ただ口うるさく言ってもダメ。親が率先して学ぶ姿勢を見せないと！

回答者プロフィール

名前	ミーアキャット
住んでいる場所	アフリカ南部
体長	25〜35cm
体重	600〜970g
好きな食べ物	サソリ　クモ　昆虫　爬虫類
苦手なもの	タカ　フクロウ　オオトカゲ

家族ぐるみで勉強をサポート。子どものやる気は親次第。

子どもの教育は全母親共通の悩みですね。とりわけ私たちが暮らす砂漠は超過酷な環境ゆえ、巣立ちまでに覚えることはたくさん。なかでも絶対に身につけないといけないことが、主食となるサソリ狩りです。サソリは猛毒をもっていますから、失敗すると刺されて、大変痛い思いをします（特別な抗体をもっているので死には至りませんが）。でも人間同様、親が「こうしなさい」と言うだけでは子は学びません。そこでまずは殺したサソリを子に与え、おいしさを教えます。次は毒針を取り除いたサソリを与え、捕まえる練習。それができたら元気なサソリを自力で狩る実践へと、徐々に難易度を上げていきます。成功するまでは親や親類がサポート。親のほかに兄弟や親戚が先生役を務めることもあります。家族みんなで教育することで、学ぶ楽しさを引き出していくのです。子どもは少しずつ成長します。焦らず、お母さんも一緒になって学ぶ姿勢を見せれば、そのうち学ぶことが楽しくなって、自発的に勉強するようになるでしょう。

Q

子どもが保育園に入れません。仕事復帰は諦めるしかないの？

（32歳／女性）

回答者⇩〝仕事と育児を両立ママ〟オオフラミンゴさん

A

地域のママ友の輪を広げれば助け合って子育てできます。

回答者プロフィール

名前	オオフラミンゴ
住んでいる場所	アフリカ大陸沿岸部　カリブ海　南西ヨーロッパ　中東
身長	0.8～1.5m
体重	1.9～4kg 以上
好きな食べ物	プランクトン
苦手なもの	猛禽類　ジャッカル　ヒヒ

ママ友が集えば百人力！　地域ぐるみで子育てするという選択。

お母さん、どうかひとりで悩まないで！　私たちは夫婦で育児をする鳥ですが、共働きで狩りをしてやっと子どもを食べさせられるといった感じ。どこの家庭もそうなので、群れではクレイシという共同保育場をつくっています（大きいところは30万羽規模！）。生後1〜2週間は親が世話をしますが、ヒナが歩けるようになるとクレイシに参加。親が不在中は子守役の仲間たちが世話をしてくれます。ヒナたちは集団でいれば外敵から襲われる確率も低くなりますし、何より親が狩りに集中できるのがいいところ。ただ食事を与えるのは親の仕事ですから、鳴き声でわが子を呼び寄せ、日に何度かごはんタイムを設けています。私たちは集団で繁殖行動をするので、子どもはだいたい同級生。ママ友が多いからこそ助け合って子育てができるんです。もし行政の力を借りられないなら、地域で同じ境遇にあるママ友を探してみては？　悩みを分かち合い、助け合えるはず。公民館や公園などで、積極的に交流してみるのもいいと思います。

今泉先生の動物よもやま話

──家族編──

いきものを知り尽くした動物学者の今泉忠明先生に、あれこれ相談。
人生に役立つ教訓をいただきます。お次は育児問題がうずまく家族編。

今泉「B男くん、かわいい赤ちゃんですね。生後半年ほどかな?」

B男「もうかわいくって！　でも日頃からミルクやオムツ替えをしているのに、僕が抱っこすると泣いちゃうんです」

今泉「ふーむ、それはスキンシップが足りないんじゃないかな?」

B男「必要な世話はしてるけど、遊ぶ時間がなかなかとれなくて」

今泉「むかし、生まれたばかりの子ザルを2種類の代理母（模型）に育てさせて実験した学者がいたんだけどね。一方は胸に哺乳瓶をつけた針金製の模型。もう片方はふわふわの毛布でくるんだ模型。ミルクをくれるのは金属製の母だけです」

B男「どうなったんですか!?」

今泉「子ザルは空腹時には金属母のミルクを飲むんだけど、徐々に毛布母にしがみつく時間が長くなりました。食べ物より心地良いスキンシップができる母を選んだというわけです」

B男「うわ〜、スキンシップって本当に大切なんですね!」

今泉「しかも金属母だけのもとで育った子ザルはいつも怯えていて、外部のことにあまり興味を示さないサルになったとか」

B男「子どもが安心して遊んだり生活したりするには、親とのスキンシップが欠かせないんですね。僕もがんばります!」

悩める人への教訓

子どもの健やかな成長にはスキンシップが必須。
できるだけ時間をかけて遊んであげましょう。

仕事のお悩み

Q

すぐに部下を叱ってしまい
うまく力を引き出せません。

（35歳／男性）

A

回答者⇩〝優しきリーダー〟マウンテンゴリラさん

リーダーに必要なのは包容力。
権力より優しさと愛嬌をもて！

回答者プロフィール

名前	マウンテンゴリラ
住んでいる場所	西アフリカ
身長	1.4〜1.8m
体重	140〜180kg
好きな食べ物	果実　昆虫　木の葉　樹皮
苦手なもの	ヒョウ　人間

腕力だけでは上に立てない。弱者がリーダーを決める社会。

ゴリラの群れはリーダーのオスと数頭のメス、その子どもたちからなります。リーダーは体が大きく力も強いですが、メスや子どもを力でねじ伏せようとはしません。ゴリラの社会ではメスがオスを選んで生殖活動をしますので、そんな暴挙に出るとメスにそっぽを向かれて、群れを維持できなくなるからです。だからリーダーは子育ても手伝いますし、メスの抗議にも耳を傾けます。愛嬌もあって子どもにも大人気。こうして集団のメンバーから慕われてはじめてリーダーとして振る舞えるんです。同じ類人猿のニホンザルはたくさんのオスとメス、子どもが交ざったゆるい群れ社会。リーダーはオスのこともありますが、ここでもオスが威張ってボス（お山の大将的な……）になろうとしてはダメ。集団のトップでも「リーダー」と「ボス」は違います。今いる集団を平和に、よりよい環境にしたいなら、弱い者たちに寄り添い、支え、力になってください。そうすることで、部下たちはあなたを認め、立派なリーダーにしてくれるはずです。

Q

自分の仕事が早く終わっても
みんなが働いていたら帰っちゃダメ？
（26歳／男性）

A

回答者⇩〝働き方革命大臣〟クロオオアリさん

チームの仕事は持ちつ持たれつ。
ちゃんと休み、仲間のピンチに備えよ。

回答者プロフィール

名前	クロオオアリ
住んでいる場所	日本全国　朝鮮半島　中国　アメリカ
体長	7~12mm、17mm（女王アリ）
体重	不明
好きな食べ物	昆虫　花の蜜
苦手なもの	ほかのアリ

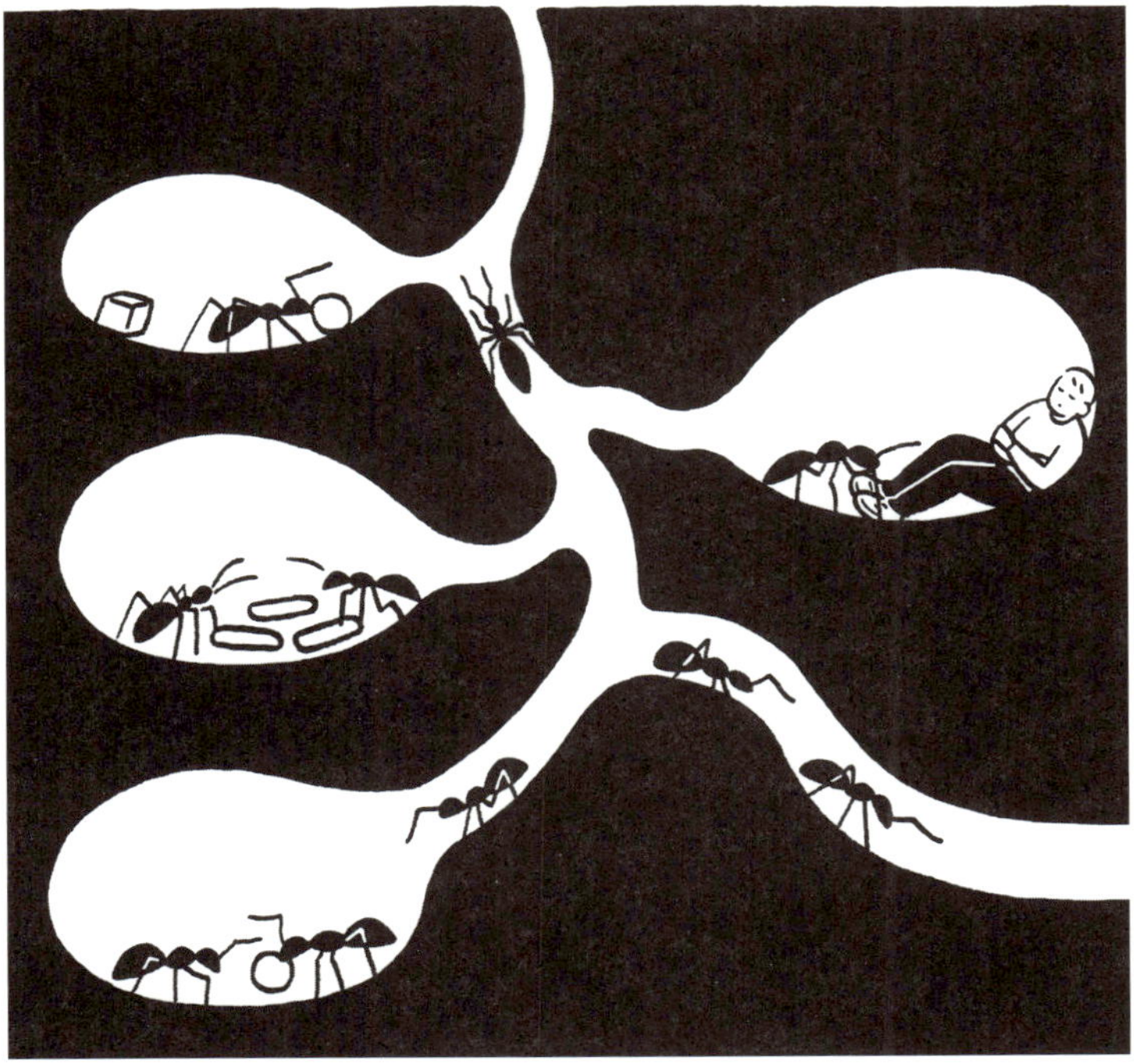

休むことは悪くない！　組織を維持する〝休息〟の極意。

全員が同じように働くことを求められる社会、ヘンじゃないですか？　私たちの社会も序列型で、女王アリとその子どもたちのために働きアリなる社員たちが、食べ物を運んだり、卵の世話をしたりとモーレツ労働しています。でも働きアリ全員がいつも全力で働いているわけではないんです。たとえば私の巣では、常に2割くらいの働きアリは働かず、休んでいます。でも働き者だったアリがいなくなると、休んでいたアリが復帰。するとまた別のアリたちが休み始めます。つまり、いつもある程度の数のアリが休息をとっているんです。これには理由があって、常に全員が全力で労働していると、不測の事態や問題が起こったときに対応することができません。でもしっかり休息を取っているメンバーがいれば、ピンチヒッターとして急場をしのげます。休める人は休んで万が一に備える。これが組織を維持するためのコツ。あなたも帰れるときは帰って休み、同僚がピンチのときに助けられるようパワーチャージすればいいんですよ。

Q

周囲の目が気になりすぎて
プレゼンが思うようにできません。

（38歳／男性）

A

回答者⇩〝いつも全力投球〟ハシビロコウさん

周囲の目は期待の表れ。
だれも馬鹿にしたりしません！

回答者プロフィール

名前	ハシビロコウ
住んでいる場所	アフリカ東部から中央部
身長	1.1〜1.4m
体重	4.5〜6.5kg 以上
好きな食べ物	肺魚　ナマズ　カエル
苦手なもの	ワニ

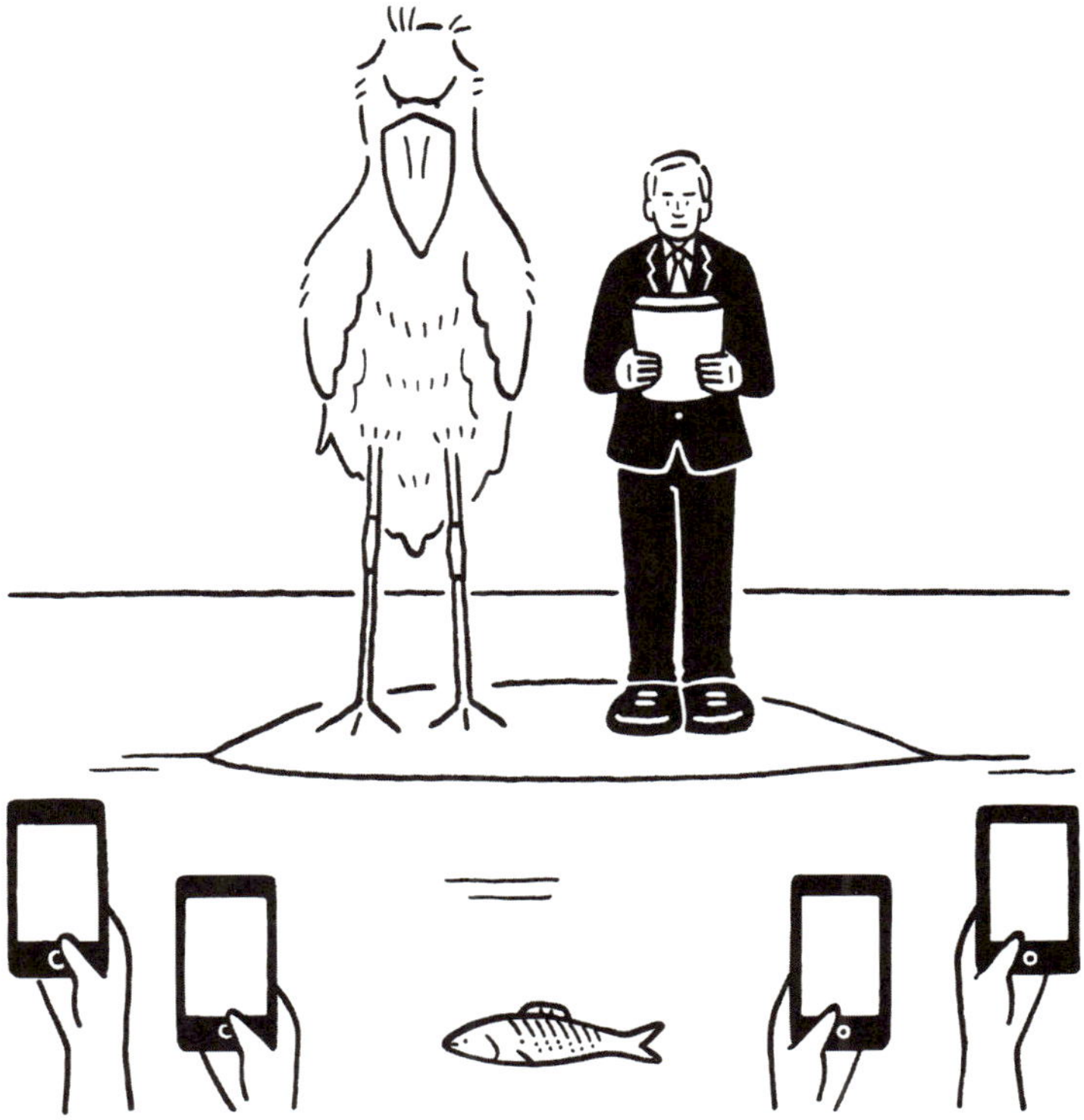

下手でも要領が悪くても、〝一生懸命〟は人の心を打つのです。

あなたの同僚は人の失敗をあざけるような心ない人ばかりですか？　そんなことはないはずです。私は「動かない鳥」なんて言われて、動物園ではちょっとした有名鳥です。たしかに日中はほとんど動かず、水面をじーっと見て立っているので、「置き物？」なんて言われることも（笑）。私の好物は肺魚《はいぎょ》という魚で、文字どおり肺で呼吸をするため、ときどき水面に上がってきます。その瞬間を逃さないよう、常に水面に意識を集中しているんです。そんな姿が珍しいのか、私の周りにはいつもスマホを持った人だかりが。最初は恥ずかしかったのですが、誰も笑ったりしませんよ。私が動く瞬間を固唾をのんで見守り、魚が獲れたときは拍手が上がるほど（ウレシイ!）。人はみな他人のことが気になるもの。でもたいていの場合、悪意はありません。あなたの同僚だって、がんばるあなたを見て、内心で「ファイト!」と叫んでいるかも。「周囲の目は期待の表れ」。そう思って、間違っても下手くそでも、一生懸命やればいいんです。

Q

就職活動って、みんなと同じようなスーツを着ないとダメなんですか？

（20歳／女性）

A

回答者⇩〝殻を破った自由人〟アオウミウシさん

自由や個性を主張するには強力な武器が必要ですよ！

回答者プロフィール

名前	アオウミウシ
住んでいる場所	日本（本州から九州）　香港
全長	3〜4cm
体重	不明
好きな食べ物	カイメン　コケムシ
苦手なもの	ほかのウミウシ

自由になるのは簡単じゃない！ 覚悟をもって殻を破ろう。

今でこそ「海の宝石」なんて言われていますが、私たちも昔はみんなと同じ姿をして、悪目立ちしないよう生きていました。じつは私たちは巻き貝の仲間で、以前は貝殻をまとっていたんです。でも貝は重くて窮屈だし、移動も大変。そこで「貝を捨てて自由になろう」と決めました。が、そうは問屋が卸しません。自由と不自由は表裏一体です。私たちは殻を捨てたことで自由に泳げるようになり、世界中に進出できました。でも体がむき出しですから、敵に襲われたら最後です。その不自由をどう克服したか。たとえば貝殻の代わりに表面をザラつかせたり凹凸をつけたり。毒をもつ種類もいます。この鮮やかな体色も外敵をビビらせる防御策です。つまり自由を得るには、それに付随して起こる不自由を克服するための武器がいるということ。無個性なスーツを脱ぎ、自由に就活することもできますが、それには覚悟と準備が必要。自分には自由ゆえの不自由を克服できる武器はあるか。それを考えることから始めてみましょう。

Q

職場で〝お局〟扱いされている私。若い女子に煙たがられて、つらいです。

（42歳／女性）

A

回答者⇩〝頼れるアネゴ〟ライオンさん

若い子と張り合っても意味ナシ！先輩らしく、どっしり構えるべし。

回答者プロフィール

名前	ライオン
住んでいる場所	サハラ南部から南アフリカ　インド北西部
体長	2.4〜3.3m
体重	122〜240kg
好きな食べ物	インパラ　シマウマ　ヌー
苦手なもの	ハイエナ　アフリカゾウ

年長者は年長者の仕事を。若手を支えて、良き先輩になれ！

女の社会というのは面倒ですね。私たちライオンも女社会で、群れの成員は母とその子どもたち。繁殖のために合流したオスがいても1〜2頭ですから、完全に女の園です。私も群れの中では最年長（＝お局）ですが、若い子とはうまくやっています。たぶんそれは彼女たちと張り合わないから。私たちのメインの仕事は狩りですが、最近私は狩りに行きません。体力のある若手のほうが狩りは上手ですからね。その代わり群れに残って子守りをしたり、ほかのオスやハイエナが来ないよう見張ったり。体力では負けますが、子育ての経験は豊富ですし、危機管理能力も高いほう。年長者ならではの技術を生かして若手をサポートすることで、いい関係を築いているのです。もし若い子と張り合って関係が悪化したら、群れを追い出されることもあります。そうならないためにも若手との関係は大切。あなたもあまり意地にならず、人生の先輩としてどんと構えていればいいんです。自然と若手に慕われて、お局なんて言われなくなりますよ。

Q

社内イジメがひどくてもう限界です。
転職したら状況を変えられますか？

（35歳／男性）

A

回答者⇩〝縦社会研究家〟ニワトリさん

イジメが起こるのは窮屈な空間。
風通しのいい会社へ転職しよう。

回答者プロフィール

名前	ニワトリ
住んでいる場所	世界各地
全長	50〜70cm
体重	0.9〜5kg
好きな食べ物	穀物　植物　果実
苦手なもの	キツネ　イタチ　テン

序列がないと安心できない？　閉塞感が生む縦社会を脱出！

集団になると即座に序列をつける縦社会。ニワトリの世界と似ています。飼育下のニワトリは数十羽単位で狭い空間に暮らすのですが、顔を合わせると即座にケンカが始まり、その勝敗で序列が決まります。1位のニワトリはすべてのニワトリをつつき、2位のニワトリは3位以下をつつき、最下位のニワトリは全員からつつかれることに（涙）。一説によると、順位制を敷くことで集団の秩序を保っているらしいのですが（納得いかない!）。あなたの会社もそんな論理で弱者を作ってイジメているのでしょうか。ちなみに野生のニワトリにはこんな序列はそうありません。群れの規模が大きくて順位もわかりませんし、逃げるスペースもありますから。ニワトリも人間も窮屈な場所にいると自己防衛のために序列をつくるのかも。なので転職するなら、スペース面でも人間関係面でもゆとりのある会社がいいでしょう。部署同士の交流がさかんだったり、フリーデスク制で妙なしがらみがなかったり。ぜひ風通しのいい会社で働いてください！

Q

部署内の競争で足の引っ張り合い。人を蹴落としていくしかないの？

（48歳／男性）

A

回答者⇩〝意外と平和主義〟ブチハイエナさん

争うより助け合ったほうが最終的にはみんな得します。

回答者プロフィール

名前	ブチハイエナ
住んでいる場所	西アフリカから東アフリカ　アフリカ南部
体長	1.2～1.4m
体重	50～80kg
好きな食べ物	ヌー　鳥　昆虫
苦手なもの	ライオン

「サバンナの悪役」は平和主義。協力が集団繁栄の秘訣！

野生動物の世界は弱肉強食と言われますが、人間の世界も相当ですね。僕たちが暮らすサバンナも厳しい世界。そんななかでも僕たちは平和主義で、群れで一丸となって生きています。群れは10〜20頭ほどですが、生まれながらに序列が決まっているので闘争が起こるのはまれ。母親たちは共同で子育てし、お乳が出なくなってもほかのお母さんが母乳をくれます。もしケガをして狩りに出られない仲間がいたら食べ物を分けてあげます。元気になってまた狩りで活躍してくれればいいだけの話です。ほかの群れとも流血沙汰はそう起こしません。獲物を横取りされてもそっと立ち去る。ケガ人を出すより、また狩りをしたほうがいいですからね。こうした行為はすべて、群れを繁栄させるため。弱者を淘汰したり傷つけ合ったりしていては群れが弱体化し、サバンナを生き抜くことはできません。あなたたちももし成功を遂げたいなら、いがみ合っている場合じゃありません。手を取って助け合うことが会社の繁栄につながるのです。

Q

会社に親友と呼べる友達がいません。社会人ってみんなそんなもの？

（25歳／女性）

A

回答者⇩〝海のリアリスト〟カクレクマノミさん

大人になってからの交友は友情だけでは続きません。

回答者プロフィール

名前	カクレクマノミ
住んでいる場所	日本（奄美大島以南） インド太平洋
全長	4～8cm
体重	不明
好きな食べ物	プランクトン
苦手なもの	大きな魚

お互い利益のあるウィン・ウィン関係こそ、大人の友情だ！

薄々感じているかもしれませんが、純粋な友情で結ばれる親友ができるのは、せいぜい学生時代まで。妬みそねみが蔓延する社会ではそうはいきません。私の親友はイソギンチャクですが、言ってしまえば見返りのある友情関係。私は小さな魚なので外敵がわんさかいます。でも毒をもつイソギンチャクのそばにいればすぐ逃げ込めます（私は体から粘液を出して彼らの毒発射を抑えています）。お返しに私はイソギンチャクの外敵を追い払いますので、彼らは安心して触手を広げ、のびのび日光浴。こうして体内にある藻を光合成させることで大きく成長できるんです。あ、食べ物のおこぼれも提供しますね。姿も生き方も違う私たちですが、理想的なウィン・ウィン関係だからこそ、友情は半永久的。もしこれから親友を探すなら、趣味が合ううんぬんより、多少ドライでも冷静にお互いを評価し、利益を分かち合える関係の人がいいのでは？　一方ばかりが与え続けるような友人関係は、大人の世界では長く続かないと思いますよ。

Q

交渉相手とすぐケンカになります。
穏便に収めるコツはありますか？

（33歳／男性）

回答者⇩〝引き際の美学〟ズキンアザラシさん

A

感情のぶつけ合いは災いのもと。
引き際を見極めて、次に備えよう。

回答者プロフィール

名前	ズキンアザラシ
住んでいる場所	北大西洋から北極海
体長	2.2〜2.5m
体重	320〜400kg
好きな食べ物	魚　イカ
苦手なもの	ホッキョクグマ

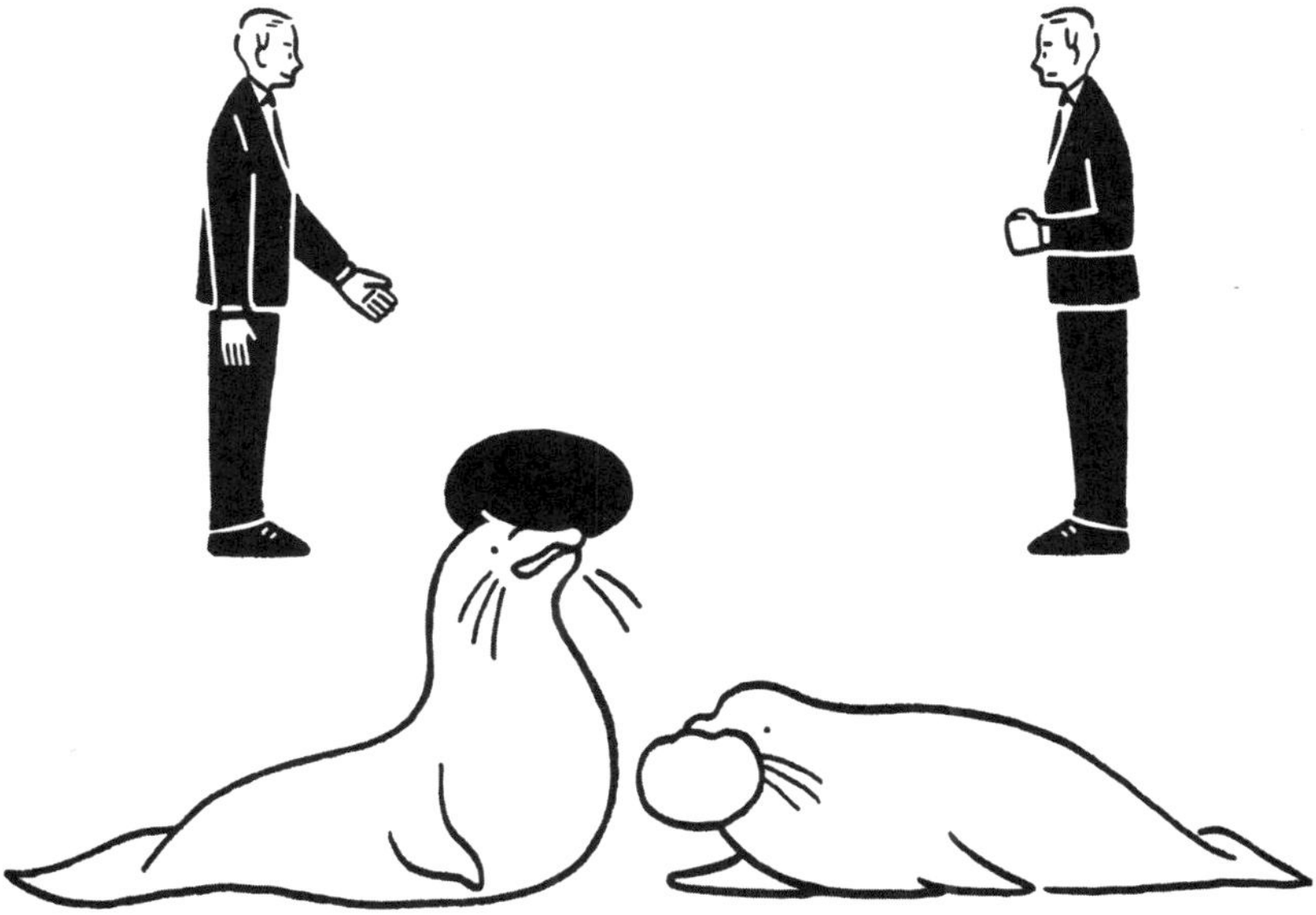

戦っているのは何のため？　目的達成には引くことも大事。

一生懸命に事を成そうと思うと熱くなるのは当然です。僕たちも繁殖期にはケンカ続き。血眼になって彼女を探しているので仕方ありません。「彼女はオレのものだ！」「いや僕のだ！」なんてもう平行線です。こうなると多くの動物は腕力勝負に出ますが、僕たちは傷つけ合うことはしません。事を収める必殺技は鼻風船。鼻の一部を膨らませ、見せつけ合うことで勝負をつけます。第一段階は鼻の外側の皮膚を膨らませた黒い風船。さらにヒートアップすると次は赤い風船。これは左右の鼻を隔てる隔壁を膨らませたものです。これを見て、「相当怒ってるな～」となれば一方が引いて退散。だから流血沙汰にはそう発展しません。考えてみれば僕たちの目的は奥さんを見つけて子孫を残すことですから、ここで戦って命を落としては元も子もありません。あなたの目的も相手を負かすことではないですよね。だとしたら一度の争いに命をかけず、血が流れる前に勇気ある撤退を。心を鎮めて、改めて膝を突き合わせればいいんです。

Q

生まれてこのかた無趣味です。
仕事のストレスが発散できません。

（38歳／男性）

A

回答者⇩〝ストレス発散名人〟イエネコさん

仕事とかけ離れたことをやれば
だいたいストレス発散になります。

回答者プロフィール

名前	イエネコ
住んでいる場所	世界各地
体長	50～70cm
体重	2～6kg
好きな食べ物	鶏肉　魚
苦手なもの	イヌ　カラス

立派な趣味がなくても、ストレス発散法は無限です。

ストレス発散法がないのが悩みだなんて、それがストレスになりそうです。ネコも無趣味といえば無趣味ですが、ストレスを溜めることはそうありません。いや、ストレス自体はあるんですよ。外に出たいのに出られないとか、嫌いな人に撫で回されるとか。そんなときは「転位行動」というプチストレス発散法を使います。簡単に言うと、本意とはまったく違う行動をして気を紛らわせるのです。たとえば眠くないのにあくびする、爪を研ぐ、体を舐めるなど。全然やる必要はないのですが、やり始めると集中しちゃって嫌なことを忘れるんです。人間も同じです。立派な趣味をつくろうなんて思うと腰が重くなりますが、思いつきで料理してみるとか走るとか、寄り道レベルでもOK。仕事と無関係で、少しでも気になることがあればやってみたらいいんです。長続きなんてしなくていい。大事なことは仕事を忘れることですから、気負わずどんどん新しいことをやればいいんです。意外とハマって、それが生涯の趣味になるかもしれませんよ。

今泉先生の動物よもやま話

――仕事編――

いきものを知り尽くした動物学者の今泉忠明先生に、あれこれ相談。
人生に役立つ教訓をいただきます。今回は熱血サラリーマンたちの仕事編。

今泉「C助さん、なんだかすごくイライラしてますね……」

C助「会社での競争が激しくてね、みんないいポストを狙ってるんですよ。なんとかしてアイツを引きずり降ろさないと……」

今泉「それは穏やかではないですね。競争が激化すると、しまいには部署ごとまるっと崩壊しかねませんよ！」

C助「でも絶対に同期には負けたくないし……」

今泉「生物界を見てください。同じ環境に棲む生物でも、少しずつ生息場所をずらしていますよね。同じ渓流に棲むイワナとヤマメも、イワナが上流、ヤマメが少し下流というふうに棲み分けることで、競争リスクが低くなっています」

C助「両者とも譲らないとガチンコになりますね……」

今泉「もしかしたら過去に争いがあったのかもしれませんが、最終的にはどちらも絶滅することなくサバイブしています。それはサバンナでもジャングルでも、生物界のどこでも言えることです」

C助「ボロボロになるまで争うのは人間だけってことか」

今泉「目標をもつのはいいことです。でも、ある程度で引き際を見極めるのも大切です。自分のためにも組織のためにもね」

悩める人への教訓

競争一辺倒では自分も集団もボロボロに。
ときには引いて、平和なオフィスライフを。

恋愛のお悩み

Q

同じクラスに好きな女子がいますが僕に全然興味をもってくれません。

（18歳／男性）

A

回答者⇩〝生涯モテ期〟ハクセンシオマネキさん

受け身では一生片思いのまま。大胆な行動でアピールを！

回答者プロフィール

名前	ハクセンシオマネキ
住んでいる場所	日本　中国　朝鮮半島　台湾
甲幅	2～4cm
体重	不明
好きな食べ物	バクテリア　珪藻
苦手なもの	水鳥　魚　ほかのカニ

恋を成就させたいなら苦労は覚悟。全力アピールあるのみ！

同級生に片思い、青春ですな！　自慢じゃないが僕たちは女子を振り向かせるプロ。なにせモテるためだけに、普段は役に立たない巨大ハサミが進化したくらいだから。いつもは干潟に穴を掘って男女別々に暮らしているのだけど、繁殖期になると女子は穴を出て、彼氏探しを始める。ここからが勝負で、男子は遠くにいる女子からも見えるようハサミを上げ下げ。女子は大きいハサミをもつ男子が好きだから、とにかく動きは大きく。脚も精一杯伸ばしてアピールする。ちなみにこの巨大ハサミは日常生活では無用の長物。食事にはもう片方のミニバサミのほうが便利だから、正直すごく邪魔（涙）。でも男たるものモテてなんぼ。それくらいの覚悟がないと彼女の気は引けないぞ。まずは受け身な態度をやめて、積極的に目立つ行動をしよう。クラス委員に立候補するとか合唱大会の指揮者をやるとか、得意分野を生かして彼女の目にとまることをやってみるのはどうかな。面倒なんて言っているうちは本物の恋じゃないぞ！

Q

彼氏とケンカばかりしています。
もう別れたほうがいいのかな？

（26歳／女性）

A

回答者 ⇩ 〝仲直り上手〟チンパンジーさん

ケンカは悪いことじゃない。
長引かせるのがダメなんです。

回答者プロフィール

名前	チンパンジー
住んでいる場所	西アフリカから中央アフリカ
身長	70～92cm
体重	30～40kg
好きな食べ物	果実　昆虫　木の葉　樹皮
苦手なもの	ヒョウ

冷戦は事態を悪化させるだけ。スキンシップでスピード和解。

ケンカするほど仲がいいとはよく言ったものですね。チンパンジーも人間同様、ケンカをします。でも人間と違うのは、すぐに仲直りすること。もちろんケンカ直後は気まずいし、怒りが収まらないこともあります。でもあまり引きずると群れの空気が悪くなりますし、生活に支障をきたすことも。だから折を見て近づいて、そっと体にタッチ。相手がまだ怒っているようなら少し時間をおいて、今度は優しく毛づくろい。徐々に抱き合ったり、キスしたりして仲直りします。子どもたちだってとても仲直り上手。ケンカしてもすぐ遊ぶことで和解するので、引きずることがないんです。たいていのケンカは、一方が絶対的に悪いというのはありませんよね。「なんで私が謝らないといけないの!?」なんて冷戦状態を続けると、お互い意地になって深刻な事態に発展することも。ここはひとつ、彼女さんから間をおかずにアクションを起こしてみてください（スキンシップがおすすめ）。彼氏のかたくなな心もゆるんで、すぐ仲直りできると思いますよ。

Q

張り切ってプレゼントするのですが
いつも彼女の反応がビミョーです。

（25歳／男性）

A

回答者⇩〝プレゼントの達人〟カワセミさん

喜ばれる贈り物選びのコツは
相手の立場になって考えること。

回答者プロフィール

名前	カワセミ
住んでいる場所	ヨーロッパ　アジア　北アフリカ
全長	約16cm
体重	30〜35g
好きな食べ物	魚　エビ　昆虫
苦手なもの	ヘビ　イタチ　キツネ

自分基準のプレゼントは迷惑。女子の気持ちをくんで！

苦労して選んだ贈り物。「なにコレ?」的な顔をされると悲しいですよね。僕たちは繁殖期にメスにプロポーズしますが、そのとき欠かせないのがメスへのプレゼント。魚やエビを獲ってきて贈るのですが、それをメスが食べてくれたら成功。正式に夫婦となれます。でもメスはとてもわがまま、もとい、繊細ですので、魚であれエビであれ、飲み込みやすい状態で口元に運んであげないと食べません。魚はエラがひっかかりますから、魚の頭がメスのほうを向くように縦向きにパス。よかれと思って活きのいい魚を贈っても食べにくくてダメ。その場合は木に叩きつけて弱らせます。大きすぎる魚もNG（巨大ザリガニなど論外）。男がいいと思うものでも裏目に出ることはあるので、かなり神経を使います。あなたも日頃から彼女の持ち物や服装を見て、好みの傾向を知っておくのはマストでしょう。事前に欲しいものを聞くのもアリです。プレゼントは喜んでもらって初めて意味があるもの。相手のことを考えて、贈り物上手になりましょう。

Q

地味なルックスのせいでモテません。どうしたら彼女ができますか？

（17歳／男性）

A

回答者⇩〝恋愛策士〟ニホンアマガエルさん

モテる男友達と一緒にいれば必ずチャンスが巡ってきます。

回答者プロフィール

名前	ニホンアマガエル
住んでいる場所	日本（北海道から九州）
体長	2〜5cm
体重	不明
好きな食べ物	昆虫　クモ
苦手なもの	鳥　ヘビ　イタチ

出会いさえあれば恋は始まる。モテ男を利用する恋愛テクとは？

「見た目より中身」なんてよく言われますけど、キレイごとですよね。じつは僕たちの世界にもモテ男と非モテ男が存在します。恋の季節、オスは鳴き声でメスを引き寄せますが、体が小さかったり、若くて求愛に不慣れだったりするとモテません。体が大きくて鳴き上手なオスばかりがモテるんです。そんなとき僕らは張り合わず、モテ男のそばで声を殺してじっとしています。モテ男の周りにはメスがわんさか寄ってきますから、もうお祭り騒ぎ。そのどさくさに紛れて、モテ男のとりまき女子とくっついてしまうのです。え、なんか横取りっぽい？　いいえ、メスも全員がモテ男とつきあえるわけじゃないので、なかには妥協して身の丈にあった人とつきあおうとする子もいます。それはそれで幸せなんです。モテ男がガンガン鳴いてくれるので、僕たちは鳴く労力もセーブできて一石二鳥。キミもモテる男友達と行動をともにすれば、女子との出会いには事欠かないはず。出会いがないと恋は始まらないんだから、ぜひこの戦法、試してみて！

Q

つきあった瞬間に彼女が豹変……。
もっと清楚で優しかったのに！

（20歳／男性）

A

回答者⇩〝ベビーフェイスの肉食女子〟モズさん

女子は巧みに本性を隠すもの。
見ぬけなかった男にも非があります。

回答者プロフィール

名前	モズ
住んでいる場所	東アジア　東南アジア
全長	約20cm
体重	31～44g
好きな食べ物	昆虫　カエル　トカゲ
苦手なもの	猛禽　カラス

思い込みで幻想を抱かず、女子のリアルを直視して！

愛くるしい顔をしてじつは気性が超荒いみたいな女というのはざらにいます。モズだって見た目はカワイイ小鳥ですが、じつは荒々しい一面も。私たちは秋口、捕まえた獲物を木の枝に串刺しにする「早贄《はやにえ》」という行動をします。こうすると大きな獲物でも食べやすいし、とっておいて後で食べることもできます。まあ、たまにカエルやヘビを丸ごとブッ刺したまま放置しちゃうから、それを見て「かわいい顔してサイコパス」なんてドン引きされたりしますけどね……。ただ、これも生きるためにやってることですから、「かわいいと思ってたのにショック！」とか言われても知りません（怒）。とまあ、世の女子の言い分もこんな感じでしょう。インスタに料理の写真を上げていても料理上手とは限りません。そこだけ見て「家庭的だと思ったのに」なんて落胆されても困ります（写真も加工してるし！）。思い込みで先走るより、女子の日常を観察する努力をしてください。いいことも悪いことも、ありのままの女子の姿があるはずですから。

Q

20歳年上の男性に恋しました。
これってヘンでしょうか?

(21歳/女性)

A

回答者⇩〝モテるおじさま〟ニホンジカさん

経験豊富な男性に惹かれるのは
いたってまっとうなことです。

回答者プロフィール

名前	ニホンジカ
住んでいる場所	東アジア　東南アジア
体長	0.9~1.9m
体重	25~130kg
好きな食べ物	花　草　種子　樹皮
苦手なもの	クマ　野犬

頼れる年上男性ならアリ、甲斐性ナシのおじさんはナシ！

年の差カップルというのは人間界でも珍しいことではなくなっていますから、気に病むことはありません。ニホンジカの世界ではおじさまに恋をするのはむしろ当然のことです。ニホンジカはオスだけが角をもちます。これは毎年生え替わるもので、秋からの発情期、主にメスをめぐるオス同士の争いの際の武器になります。多くの場合、年齢に伴って角の枝分かれが多くなり、2歳では1本角、3歳では2尖、4歳では3尖、5歳を過ぎると4方向に分かれた立派な枝角をもちます。オスは体が大きく、立派な角をもった強い者だけがなわばりをもち、たくさんのメスを囲えるので、どうしたって年上のオスがモテるんです。メスからしても1本角のナヨナヨした若造より、人生経験豊富でどっしり構えたオトナのオスのほうが安心して出産できますから当然といえば当然です。ただ、いくら年上でも甲斐性がなければただのおじさん。年齢にとらわれず、まずは相手の本質を見極めて、一緒に人生を歩んでいける相手かどうか考えてみましょう。

Q

フィギュア集めが大好きです。
彼女には捨てろと叱られるのですが……。
（32歳／男性）

A

回答者 ⇩ 〝マニアなコレクター〟オオニワシドリさん

マニアックな趣味を分かち合える
同志のような恋人をつくりましょう。

回答者プロフィール

名前	オオニワシドリ
住んでいる場所	オーストラリア北部
全長	32～35cm
体重	約230g
好きな食べ物	果実　種子　昆虫
苦手なもの	ネコ　野犬

趣味嗜向は人それぞれ。同じ感性をもつ恋人を探して。

収集好きのコレクターさんの気持ち、わかります！　僕たちの仲間にもめちゃマニアックな収集癖があって、意中のメスがいても、巣に遊びに来たが最後、ドン引きされるなんてことも（涙）。オオニワシドリはメスの気を引くため、落ち葉や枝で「あずまや」という休憩所をつくります（イチャイチャするため）。さらに、より喜んでもらえるよう飾りも施すのですが、ここに趣味嗜向が激しく反映されていまして……。グレーや白オンリーで統一する奴や、そこにオレンジ色の花飾りをあしらったりする奴など、いろいろです。さらに白もの好きのなかには骨だけ、かたつむりの殻だけを使うなんていう超マニアックな収集をする奴も。でもメスの好みは千差万別ですから、みんな最後はちゃんと趣味の合った相手に落ち着くんです。今の彼女にはあなたの趣味が理解できなくても、「すごい！」と感動してくれる女性は必ずどこかにいます。無理に趣味を諦めるより、趣味を分かち合える相手を探すほうが、お互い幸せになれると思います。

Q

女子なのに身長が175㎝あります。背が高すぎてモテません。

（17歳／女性）

A

回答者⇩〝ミニマム男子キラー〟チョウチンアンコウさん

出会いの少ない場所に行けば身長のハンデなんてなくなります。

回答者プロフィール

名前	チョウチンアンコウ
住んでいる場所	世界各地
全長	約4cm（オス）／約61cm（メス）
体重	約0.5g（オス）／約11kg（メス）
好きな食べ物	魚　エビ
苦手なもの	マッコウクジラ

恋を渇望している男子は、女子の身長なんて気にしません！

男性より大きい女性が敬遠されるなんてありえません！　私たちの仲間にはメスが40cm以上まで成長するのに対して、オスは4cm程度というものもいます。しかも、棲み家の深海は暗いわ広いわで、男女が出会うことなんて奇跡レベルの話。だからオスはメスを見つけると速攻で猛アタックします。体の大きなメスは暗い海でも見つけやすく、むしろ大人気なんです。もし今あまりモテないなら、女性との出会いが少ない男性ばかりの団体に参加してみるのはどうでしょう？　部活でも委員会でも習い事でも。女子というだけで注目されますから、身長うんぬんは二の次になるかもです。ちなみに一部のチョウチンアンコウの場合、オスはメスを見つけると体に噛みつき、その後メスの体の一部となって寄生します。人間界では最近は女性のほうが強い傾向があると聞きますから、そうしたヒモ男にはご用心！　私たちの場合は子どもさえ産めればいいので気にしないんですけど、人間は違うと思いますので、ご参考までに……。

Q

仕事が忙しく、出会いがありません。
一生独身かと思うと寂しすぎます。
（36歳／女性）

A

回答者⇩〝フェロモンで悩殺〟オオミノガさん

あなたに足りてないのは
出会いじゃなくてフェロモンかも。

回答者プロフィール

名前	オオミノガ
住んでいる場所	日本各地
体長	3.8〜5cm（ミノ）
体重	不明
好きな食べ物	サクラやウメなどの葉
苦手なもの	寄生バエ

じたばたしなくても男が寄ってくる、フェロモンという武器。

オオミノガというのはガの一種でございます。ミノムシと言ったほうがピンとくる方が多いでしょうが、ミノムシは一般的にオオミノガの幼虫のことを指します。幼虫は母が暮らすミノの中で生まれ、外界に出ると自分でミノをつくります。その中で蛹になって越冬し、羽化。成虫になるとメスを探して飛び回ります。メスもミノの中で成虫になりますが、羽も脚も退化していてガとは程遠い姿。外に出ることもできず、一生そこで過ごすのですが、ちゃんと相手を見つけて子孫を残せます。それは強力なフェロモンのおかげ。メスはミノの下側から頭を突き出し、フェロモンを放出。これがかなり遠くまで届くもので、どこからともなくオスたちが……。そこで首尾良く相手が見つかれば交尾・出産となります。家から出ることなく男を呼び寄せるフェロモンの威力、すごくないですか？　あなたも服装や髪形、何気ない仕草を変えることで、周囲の見る目は変わるはず。合コンなど行かなくても、身近でいい人が寄ってくるかもしれませんよ！

今泉先生の動物よもやま話

――恋愛編――

いきものを知り尽くした動物学者の今泉忠明先生に、あれこれ相談。
人生に役立つ教訓をいただきます。いよいよ甘酸っぱい恋愛編。

D太「僕、太めの体形で、彼女イナイ歴20年なんです。みんな彼女がいるし、もう絶食ダイエットしかないです!」

今泉「D太さんは生物界におけるハンディキャップ原理をご存じ？　簡単に言うと『明らかに生存に不利な性質をもっている者のほうがモテる』というメカニズムです」

D太「いやいや、そんなこと100%ありえないですから!」

今泉「ウグイスは立派な鳴き声をもつオスがモテます。ツバメは尾羽が長いほど、クジャクは尾羽が派手なほどメスに人気です」

D太「だってそれは目立つイケメンってことでしょ?」

今泉「野生の世界で目立つということは外敵に見つかりやすいということでもあります。それに立派な声を出すにはエネルギーも必要だし、長すぎる尾羽は生活に支障をきたします」

D太「そうか、だからハンディキャップなんだ!」

今泉「ハンディキャップをはねのけて元気に生きているということが、メスのハートをきゅんとさせるのです」

D太「ダンスがうまい人でも太ってるほうがスゲーッ! ってなりますもんね（笑）。ダイエットするよりダンスでも習うかな」

今泉「ハンデを魅力に変えて、がんばってくださいね!」

悩める人への教訓

**ハンディキャップはときに有利に働きます。
悲観せず、いきいき生きれば、恋人はできます。**

学校のお悩み

Q

大学受験に失敗しました。
僕の人生、終わりでしょうか？

（18歳／男性）

A

回答者⇩〝ポジティブシンキング〟トラさん

ずっと勝ち続ける者などいない。
次の勝負に備えて、食って寝ろ。

回答者プロフィール

名前	トラ
住んでいる場所	南アジア　東アジア
体長	2.4～3.1m
体重	100～260kg
好きな食べ物	シカ　イノシシ　ウサギ
苦手なもの	人間

負け続けてもチャンスは来る。次に勝つための準備をしろ！

なぜ人間はすべての勝負に勝とうとするのか。長い人生、一度の失敗でダメになるなんてことはないし、クヨクヨしている暇があったら、次の勝負に向けて準備をするほうがずっと建設的だ。「ジャングルの王」なんて呼ばれ、負け知らずと思われがちなわれわれも、じつのところ毎日負けっぱなし。こと狩りはどヘタで、10回に1回成功すればいいほう。ネコ科の狩り下手ランキングでは常に1位を独走中だ。周囲の目もあるから肩で風を切って歩いてはいるが、じつは常に空腹。小さな獲物で食いつなぐことも日常茶飯事だし、ミジメな人生だよ実際は。キミの場合、今年の受験とやらは人生一度限りだろうが、来年も再来年もチャンスはあるだろう。だから人生は終わってない。俺も狩りに失敗すると落ち込むが、すぐに寝る。それで体力をつけてまた狩りに行く。その繰り返しだ。メソメソしていたらやる気も体力も落ちて、次もまた失敗するぞ。気持ちを切り替えろ。次の勝負に備えて、とりあえず食って寝ろ。話はそこからだ！

Q

クラスでイジメにあっています。
もう学校に行きたくないです。

（15歳／男性）

A

回答者⇩〝逃げるが勝ちよ〟カピバラさん

敵が入ってこられない場所へ
全速力で逃げ込もう！

回答者プロフィール

名前	カピバラ
住んでいる場所	南アフリカ北部と東部
体長	1.1～1.3m
体重	35～66kg
好きな食べ物	水辺の植物
苦手なもの	ピューマ　アナコンダ　カイマン

逃げるのは悪いことじゃない。躊躇せず、即避難すべし！

僕たちカピバラも周囲は恐ろしい敵ばかり。とくにピューマやジャガーといった肉食動物はマジで怖くって、ビクビクしながら暮らしています。でも住む場所を変えることは現実的にできません。だから、いつ天敵に狙われても対処できるよう、すぐに逃げ込める場所の近くで生活するようにしています。僕らの逃げ場所は水の中。意外かもしれませんが泳ぐのは得意なので、ピューマやジャガーに目をつけられたら全速力で川へ。できるだけ見つからないように目と鼻だけを出して、敵が立ち去るのを待ちます。戦う術をもたない僕たちにとって、逃げ足の速さは最大の武器。逃げ場所が近ければ近いほど身を守れる確率は高くなります。逃げるのはけっして悪いことじゃない。キミには学校の中でどこか逃げ込める場所はある？　隣のクラスとか保健室とか部室とか。もし見つけられていないなら、学校を休んだっていいと思います。危ないと思ったら、猛ダッシュ。敵の手が及ばない安全なところへ逃げ込んで、身を守ればいいんです。

Q

人見知りが激しくて
新しいクラスに馴染めません。

（14歳／女性）

A

回答者⇩〝コミュ力高め〟クロザルさん

笑顔を絶やさずいれば
自然と友達になれます。

回答者プロフィール

名前	クロザル
住んでいる場所	インドネシアのスラウェシ島
体長	52～57cm
体重	約10kg
好きな食べ物	果実　木の葉　昆虫
苦手なもの	ヘビ

笑顔があれば、誰でもコミュニケーション上手になれる！

人間は言葉をもっているのに、友達づくりは上手じゃないんですね。僕たちクロザルはサルの中でもとびきり表情が豊か。顔も体も真っ黒で、ヘアスタイルはモヒカン風。ぱっと見はイカツめなんですけど、仲間に挨拶するときはニッと歯を見せて笑います。愛情を示すときには口をパクパクしたり、逆に怒っているときは思い切り牙を見せて威嚇したり。大きな声や身振り手振りを使わなくても、気持ちを伝え合うことはできるんです。力任せに感情を表現することは稀なので、群れはとっても平和。強面とは裏腹に穏やかな生活です。人見知りのあなたにとって、「おはよう!」と大きな声で挨拶するのは勇気のいることかもしれません。声をかけるのが難しいなら、相手が挨拶してくれたときはとびきりの笑顔を返してみてください。声が小さくなっても構いません。心からの笑顔を見て嫌な気持ちになる人はいません。いつも素敵な笑顔で教室にいれば、自然と友達の輪ができて、きっと楽しい学校生活を送れるはずです。がんばって!

Q

人に流されず、自分らしく生きるにはどうしたらいいですか？

（17歳／男性）

A

回答者⇩〝流されない漂流生活〟ラッコさん

自力で流れに逆らえないなら何かに頼ってもいいいんです。

回答者プロフィール

名前	ラッコ
住んでいる場所	北太平洋
体長	1〜1.5m
体重	21〜28kg
好きな食べ物	貝　ウニ　甲殻類　魚
苦手なもの	シャチ　サメ

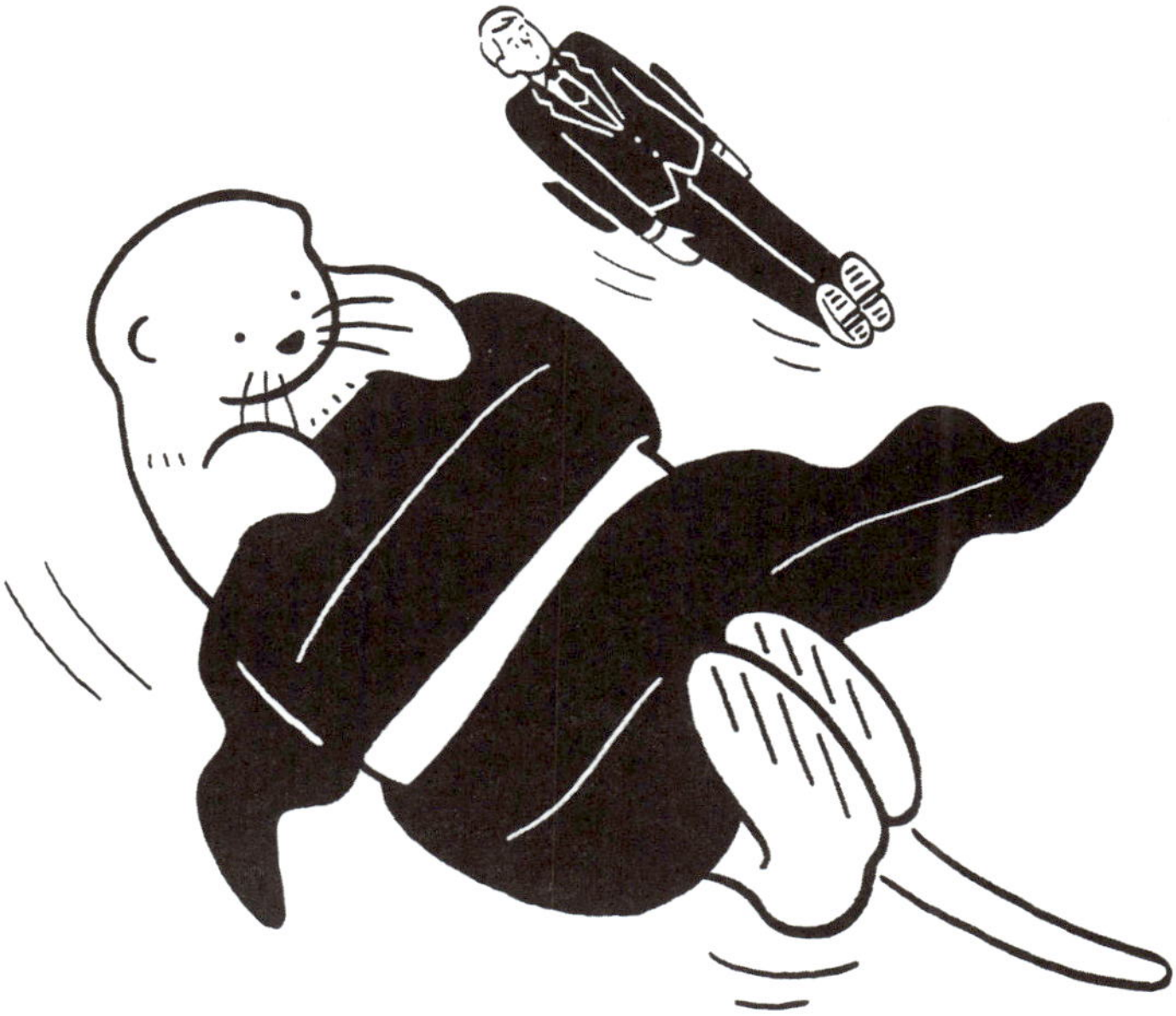

流されそうな自分……。つなぎ留めてくれるものを探そう！

「みんなが右なら右へならえ」。これは日本人の悪いクセですね。でも流されない生き方というのは固い信念が必要ですから、難しいものです。ラッコは海の上に浮いて暮らしています。眠るときもそうですから、熟睡すると潮に流されて、群れと離れてしまいます。そこで編み出したのが海底から生えているコンブを体に巻きつけて寝る技。自力では抗えない流れのなかでもこれなら大丈夫です！　まだ高校生のあなたは自力で流れに逆らう力をもつのは大変でしょう。なので、ここはひとつコンブ的な何かを見つけてみては？　たとえばマンガでも映画でも、「こうなりたい」という理想像を見つければ、流行に左右されにくくなります。スポーツや音楽など、興味のあることを本格的に習ったり、勇気を出して留学してみるという手も。学校というのは拠り所のない大海原のようなもの。自分をつなぎ留めてくれるコンブ的なものを半ば無理やりにでも見つければ、知らない場所へどんどん流されていくことはないんじゃないかな。

Q

毎日学校に通うのが面倒です。
なぜ行かなくちゃいけないの？

（13歳／男性）

A

回答者⇩〝みんなで学習〟ザトウクジラさん

親や兄弟から学べないことも
たくさん教えてもらえますよ。

回答者プロフィール

名前	ザトウクジラ
住んでいる場所	極海から熱帯海域
全長	13〜14m
体重	65t
好きな食べ物	魚　オキアミ
苦手なもの	シャチ

仲間と学び合うのが学校。家ではできない体験を大切に。

奇遇なことに、私たちが生活をともにする群れも「スクール」と呼ばれています。群れは多くて100頭以上。血縁のない者もたくさんいて、つかず離れずといった距離感で極洋と暖海の間を旅しています。非血縁者を交えた群れをつくる動物はいますが、ザトウクジラは集団生活に加え、群れの中でさまざまなことを教えたり、伝承したりします。その最たるものが狩りの技術。私たちは数頭で口から泡を出し、その泡の網で獲物を囲い込んで一気に食べるという独特の狩りをします。これには息の合ったチームワークが欠かせません。血縁関係にない者同士があうんの呼吸で狩りができるのは、群れでの学習があってこそ。生きるために最低限必要な技術は家族から教えてもらえますが、スクールに属して学ぶことで、より高度で柔軟な社会性を身につけられるのです。スクールはさまざまな人と出会って人生経験を積めるエキサイティングな場所。ぜひクラスメイトや先生から刺激を受けて、学校でしかできない体験をしてください。

Q

イジメられている子がいます。助けたいけど勇気が出ません。

（15歳／女性）

A

回答者⇩〝団結力の勝利〟ジャコウウシさん

ひとりじゃ無理でも仲間と一緒なら勇気が出ます。

回答者プロフィール

名前	ジャコウウシ
住んでいる場所	北アメリカ北部　グリーンランド
体長	1.9〜2.3m
体重	200〜410kg
好きな食べ物	草　木の葉
苦手なもの	オオカミ　ホッキョクグマ

弱い者はみんなで守る。団結力でイジメっ子を撃退！

ジャコウウシはマンモスと同じ時代から生き残っている動物です。住んでいるのは北極圏で、ときにはホッキョクグマやオオカミなど、非常に恐ろしい天敵に遭遇することも。キミと同じで強敵にひとりで立ち向かうことは怖いし、到底かないません。だから私たちは仲間と力を合わせて敵に立ち向かうんです。敵に遭遇したときは、狙われやすい子どもを中心に大人が円陣を組みます。これはディフェンスサークルといって、弱い者を守る壁。円のいちばん外側に立つのは強いオスで、敵が襲ってきたら鋭い角で応戦して追い払います。イジメられっ子を助けたいというキミの勇気は素晴らしいです。ぜひ仲間を率いて、みんなでその子を守ってください。力を合わせれば勇気も100倍です。ただ私たちの鉄壁にも弱点があります。壁を作る仲間の誰かが恐れをなして逃げ出そうとすると、円陣が壊れてチームは総崩れに。その隙を狙って敵に攻め込まれてしまいます。大切なのは仲間の絆。結束力でイジメっ子に立ち向かってください！

Q

クラスで目立つことをすると悪口を言われそうで怖いです。

（14歳／女性）

A

回答者⇩〝無類の目立ちたがり屋〟インドクジャクさん

将来、自分の個性を開花させたいなら勇気を出してやりたいことをやろう。

回答者プロフィール

名前	インドクジャク
住んでいる場所	アジア南部
全長	1.8~2.3m
体重	4~6kg
好きな食べ物	昆虫　爬虫類　果実
苦手なもの	トラ　ヒョウ

目立つことのメリットとデメリット、どちらを取る？

たしかに、目立つということは危険をはらむ行為です。クジャクのオスは非常に派手な羽をもっています。腰の羽が長く派手なほどメスにモテて、子をたくさん残せるのですが、その半面、歩きづらくて食べ物を探すのに苦労しますし、敵にも見つかりやすくなります。つまり、目立つことにはメリットとデメリットがあるのです。でも、もし派手な羽をもつことの不利益のほうが大きかったとしたら、その個体は生き残れず、クジャクの羽は地味になっていたはずです。しかし今もなお、僕たちは美しい羽をもっています。それはたぶん、目立つことの利益のほうが大きかったから。陰口を恐れてやりたいことを我慢し、地味な学校生活を過ごすのは安全でしょう。その代わり、素晴らしい才能は発揮される場を失い、しぼんでしまう恐れも。人生は短いです。将来、あなたの個性や才能を花開かせたいのなら、少々の苦労をしても、やりたいことをやったほうがいい。あなたの圧倒的な魅力を見せれば、周囲もきっと太刀打ちできないはずです。

Q

勉強も運動もいつも中の下。劣等生の自分が嫌いです。

（16歳／女性）

A

回答者⇩〝一芸で逆転！〟ニシツノメドリさん

全部を上手にできなくても、ひとつ特技をもてばいいんです。

回答者プロフィール

名前	ニシツノメドリ
住んでいる場所	北大西洋　北太平洋
全長	28～30cm
体重	約400g
好きな食べ物	イワシ　ニシン　シシャモ
苦手なもの	カモメ　キツネ

どんな人にも必ず特技はある！ 人とは違う個性を大切に。

何から何まで全部上手にできるいきものなんていません。だからこそ地球上にはいろいろな動物が存在するんです。僕たちだってそう。鳥のくせにずんぐりむっくりで、飛び方もぎこちない。ことに着地はどヘタで、仲間にぶつかってやっと止まれたなんてこともしばしばです。でもね、僕たちにも特技はあるんです。それはペンギン並みに泳ぎがうまいこと。深さ 60m くらいまで潜ることもできます。空での狩りは苦手でも、水中の動きならほかの鳥よりずっと上手です。

鳥のくせに飛ぶのも着地するのもヘタなんて恥ずかしい限りですけど、苦手は苦手。その分、ほかの鳥が苦手な分野を伸ばすことで元気に生きているんです。学生時代は勉強や運動が得意な人に注目が集まりがちですが、それは今だけ。社会に出ればさまざまな個性や特技を持った人がいますし、みんなができることをできても注目されません。あなたにだって人とは違う得意分野があるはず。それを大切にして磨いていけば、絶対に素敵な大人になれますよ。

今泉先生の動物よもやま話

――学校編――

いきものを知り尽くした動物学者の今泉忠明先生に、あれこれ相談。
人生に役立つ教訓をいただきます。最後は青い春の学校編です。

E美「中学にボス的なグループがあって、いつもクラスを牛耳っているんです。無理してでも入ったほうが毎日ラクかな？」

今泉「E美さんは、なぜ恐竜が絶滅したか知っていますか？」

E美「えっ？ 隕石衝突とかイロイロ聞いたことがあるような……」

今泉「諸説ありますが、地球に大きな環境的変化が起こったのはたしかでしょう。当時は向かうところ敵なしだった恐竜ですが、その大きな変化についていけず絶滅したと思うんです」

E美「えーと、ボスグループとどんな関係があるんですか？」

今泉「集団のトップにのさばると、日々サバイブ術を編み出す必要がないですよね。でもほかの生物は未知の物を食べてみたり、新しい環境に棲んでみたり、生きるために日々、切磋琢磨していた。だから急な環境変化にも適応できたんじゃない？」

E美「恐竜は権力にかまけて、進化することをサボってたんだ！」

今泉「ボスグループに入ればしばらくは無難でしょうが、高校、大学と違う環境に身を置いたとき、どうなるでしょう。ボスだったE美さんはそこに適応して、サバイブできるかな？」

E美「毎日いろいろな友達と接したほうが引き出しが増えるし、柔軟な人になれそう！　恐竜みたいになったらダメですね」

悩める人への教訓

**集団のボスの座にあぐらをかいていてはダメ。
進化が止まり、柔軟性のない人間になります。**

生き方を教えてくれた
いきもの図鑑

「生息状況」とは？

世界には今この瞬間にも絶滅の危機に瀕している野生生物がいます。この図鑑の中では「生息状況」という欄にそれぞれの生物の絶滅の危険度を紹介します。ここでは野生生物に関する国際的な知見をまとめるIUCN（国際自然保護連合）が作成するレッドリスト（2017-03版）の評価基準をもとに、環境省の日本語呼称を用いて表記しています。また、国内の種の評価基準は環境省のレッドリスト（2017版）をもとにしています。

絶滅危惧ＩA類
ごく近い将来における野生での絶滅の危険性が極めて高いもの

絶滅危惧ＩB類
近い将来における野生での絶滅の危険性が高いもの

絶滅危惧Ⅱ類
絶滅の危険が増大しているもの

準絶滅危惧種
絶滅危険度は低いが生息条件によっては絶滅の危険性が出てくるもの

一般的に「絶滅のおそれのある野生生物」とされるのは、このうちとくに絶滅の危険性が高いとされる「絶滅危惧IA類」「絶滅危惧IB類」「絶滅危惧Ⅱ類」です。現在IUCNのレッドリストには、この3つのカテゴリーに2万種以上の野生生物が記載されています。

ニホンリス JAPANESE SQUIRREL

齧歯目　リス科

分布	日本（本州から九州）
生息環境	平地から亜高山帯の森林
体長	18～22cm
尾長	15～17cm
体重	210～310g
社会単位	単独
生息状況	絶滅のおそれのある地域個体群（九州と中国地方の個体のみ）

おもに樹上で生活し、食性はほぼ植物質。春から夏にかけてはアブラムシや昆虫の幼虫などの動物質も食べる。春から秋にかけて食物を集め、地中や木の枝の間などに挟んで貯蔵する。朝と夕に行動することが多く、夜間は巣で休む。交尾は2～6月の間に1～2回。背中は夏毛が赤褐色、冬毛は灰褐色。腹部は一年を通して白色。

⇨ P.10に登場

アフリカゾウ AFRICAN ELEPHANT

長鼻目　ゾウ科

分布	サハラ砂漠以南のアフリカ
生息環境	森林地帯　サバンナ　砂漠など
体長	5.4～7.5m
尾長	1～1.5m
体重	3～6t
社会単位	群れ
生息状況	絶滅危惧Ⅱ類

砂漠から高地の雨林までさまざまな地域に生息する。アジアゾウより耳が大きく、背中に窪んだカーブがあるのが特徴。オス、メスともに前方にカーブした牙をもつ。オスは成熟すると生まれ育った群れを離れ、単独か数頭のオスの群れで暮らす。メスは最長老をリーダーに女系家族の集団を構成し、協力しながら子育てをする。

⇨ P.12に登場

ハゲウアカリ BALD-HEADED UAKARI

霊長目　サキ科

分布	南アメリカ北西部
生息環境	熱帯雨林の川沿いの森　湿地　沼地
体長	38～57cm
尾長	14～18.5cm
体重	3～3.5kg
社会単位	群れ
生息状況	絶滅危惧Ⅱ類

大きな川よりも小川や池、湿地沿いの森を好み、堅果や果実、小動物などを食べる。通常10～20頭の群れで生活する。額から頭頂部にかけて毛がなく、皮膚が露出している。皮膚の色はピンクや濃い赤など個体によって異なる。亜種は体毛の色が異なり、白い毛をもつシロウアカリや栗毛のアカウアカリ、黒毛のクロウアカリなども。

⇨ P.14に登場

オオアリクイ GIANT ANTEATER

有毛目　オオアリクイ科

分布	中央アメリカから南アメリカ
生息環境	サバンナ　熱帯雨林　森林　草原など
体長	1~1.2m
尾長	70~90cm
体重	20~39kg
社会単位	単独
生息状況	絶滅危惧Ⅱ類

体毛は黒色のまざった灰色で、肩に白い縦縞がある。アリの巣やシロアリの塚を大きな爪のある前足で崩し、60cm以上伸びる舌を使って舐め取る。舌には突起があり、粘着質の唾液で覆われているため、舌にくっついた獲物を効率良く捕食することができる。昼も夜も活動し、食物を求めて時に数十平方キロもの広範囲を移動する。

⇨ P.16に登場

ドングリキツツキ ACORN WOODPECKER

キツツキ目　キツツキ科

分布	北アメリカ西部から南アメリカ北部
生息環境	森林地帯
全長	約23cm
体重	65~90g
社会単位	単独
生息状況	絶滅の危険性は少ない

雌雄ともに光沢のある黒い羽をもち、頭頂部は赤色。メスは頭の前部が黒い。一般的にオークとパインオークの森にのみ生息し、3~12羽の集団をつくって生活する。食性はおもに乾燥したどんぐり。くちばしで樹幹に穴を開け、集めたどんぐりを貯蔵する習性がある。繁殖はつがいで行うが、前年に産んだ若鳥が子育てを手伝うこともある。

⇨ P.18に登場

ホンヤドカリ HERMIT CRAB

十脚目　ホンヤドカリ科

分布	日本（北海道から九州）その周辺　ロシア　韓国など
生息環境	岩礁域　浅瀬
全長	6cm以下
体重	不明
社会単位	単独
生息状況	絶滅の危険性なし

小型のヤドカリでメスよりオスのほうが大きい。体は緑褐色で、はさみ脚の掌部に粒状の突起がある。爪先は白色。潮の引いたタイドプールなどで昼間から活動し、脱皮を繰り返しながら成長する。サザエなど殻口の広い貝を好んで宿貝とし、成長とともに大きな殻へと引っ越しする。若い個体のはさみ脚は白く、脱皮とともに変色する。

⇨ P.20に登場

オランウータン ORANGUTAN

霊長目　ヒト科

分布	東南アジアのボルネオ島 スマトラ島
生息環境	熱帯雨林
身長	1.1～1.4m
尾長	なし
体重	40～90kg
社会単位	単独
生息状況	絶滅危惧IA類

体毛は若いころは明るいチョコレート色で、大人になると濃くなる。つがいは子どもが8歳になるころまで一緒に暮らすが、それ以外は単独。一生のほとんどを樹上で過ごす。遺伝的にボルネオオランウータンとスマトラオランウータンに分類されるが、森林伐採などで劇的に生息地が減少しており、両者とも絶滅が危惧されている。

⇨ P.22に登場

エゾモモンガ EZO FLYING SQUIRREL

齧歯目　リス科

分布	日本（北海道）
生息環境	平地から亜高山帯にかけての森林
体長	14～20cm
尾長	10～14cm
体重	150～200g
社会単位	単独
生息状況	絶滅の危険性なし

夏毛は背面が淡い茶褐色、冬毛では淡い灰褐色になる。日中は樹洞などで休み、夜間に木々の間を滑空して移動し、採食する。子育て期間以外は単独行動だが、ひとつの巣に複数個体が同居することもある。1年に2度繁殖し、一度に2~6匹の子どもを産む。エゾモモンガを含む種のタイリクモモンガはユーラシア北部全域に分布。

⇨ P.24に登場

ハイイロオオカミ GRAY WOLF

食肉目　イヌ科

分布	北アメリカ　ヨーロッパ アジア　グリーンランド
生息環境	森林　山岳地帯 ツンドラ　砂漠など
体長	1～1.5m
尾長	31～51cm
体重	12～80kg
社会単位	群れ
生息状況	絶滅の危険性は少ない

体毛は灰色から黄褐色だが、地域によって白、赤、茶、黒などの変異がある。通常12～18頭ほどの家族群（パック）を形成し、なわばりをつくって生活する。パックには最優位のつがいを中心に明らかな順位があり、獲物を食べる順番などはその順位によって決まる。子どものうち数頭は成熟後もパックに残り、子育てや狩りを手伝う。

⇨ P.26に登場

オオハクチョウ WHOOPER SWAN

カモ目　カモ科

分布	ユーラシア大陸北部 アイスランド　ヨーロッパ アジア
生息環境	川　湖　池　沢沼　湿地帯
全長	1.4～1.6m
体重	8～12kg
社会単位	つがい
生息状況	絶滅の危険性は少ない

全体は白色で上くちばし基部が黄色、先端は黒色。黄色部分の面積が黒色部分より大きい。若鳥は全身灰褐色。日本には冬鳥として本州以北に飛来し、東北地方や北海道でよく見られる。夏はカムチャッカ半島からスカンジナビア半島にかけてのユーラシア寒帯部などで繁殖する。おもな食物は水草だが、水生昆虫なども捕食する。

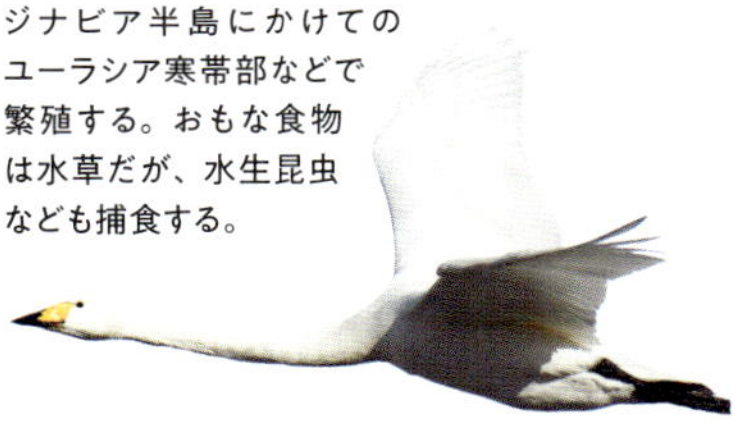

⇨ P.30に登場

タツノオトシゴ SEAHORSE

トゲウオ目　ヨウジウオ科

分布	世界各地の熱帯や温帯域の海
生息環境	浅瀬　海辺の藻場
全長	1.4～35cm
体重	不明
社会単位	単独
生息状況	情報不足のためランクなし

ヨウジウオ科タツノオトシゴ属に分類される種の総称。熱帯から温帯の海に生息し、一部は汽水域でも見られる。普段は尾を海草やサンゴに巻きつけて体を固定しているが、胸びれと背びれを小刻みに動かして泳ぐこともできる。肉食性で小魚や甲殻類、小型の動物プランクトンなどを捕食する。オスが受精卵を育てる唯一の動物。

⇨ P.32に登場

ツバメ BARN SWALLOW

スズメ目　ツバメ科

分布	ユーラシア　北アメリカ 南アメリカ　アフリカ
生息環境	草原　河川周辺　農耕地 市街地など
全長	11.5～21.5cm
体重	10～55g
社会単位	つがい
生息状況	絶滅の危険性なし

背面は光沢のある青藍黒色や緑黒色など。腹部に白色、淡黄褐色などの帯があるものもいる。ほぼ世界中に分布し、市街地のほか、高山や海岸、森林、高原とさまざまな環境に適応する。渡りを行い、日本に飛来するのは春から夏にかけて。東南アジアなど温暖な地域で越冬する。一度に4～6個の卵を産み、つがいで子育てする。

⇨ P.34に登場

ツキノワグマ ASIATIC BLACK BEAR

食肉目　クマ科

分布	東アジア　南アジア 東南アジア
生息環境	山地の落葉樹林帯や 低木地帯
体長	1.4～1.7m
尾長	10cm
体重	42～120kg
社会単位	単独
生息状況	絶滅危惧Ⅱ類

日本を含むアジアに分布する小型のクマ。被毛は黒が典型的だが、褐色や灰褐色の個体も。胸に白い三日月形の模様がある。雑食性で堅果や果実を好むが、アリなどの動物質を食べることも。北の個体は冬眠し、妊娠したメスは冬眠中に出産する。子どもは2～3年母親と過ごし、その後独立する。日本の個体は亜種でニホンツキノワグマ。

⇨ P.36に登場

コウテイペンギン EMPEROR PENGUIN

ペンギン目　ペンギン科

分布	南極大陸周縁
生息環境	氷上　沿岸部
身長	1.1m
体重	35～40kg
社会単位	群れ
生息状況	準絶滅危惧種

ペンギン類のなかで最大。泳ぎがうまく、海に潜って小魚やオキアミを獲る。コロニーと呼ばれる大きな集団をつくり繁殖する。メスは繁殖期に1個卵を産み、その後はオスが抱卵し、孵化後も数カ月間面倒を見る。ヒナがある程度育つと共同保育所（クレイシ）に参加し、両親が狩りに出ている間はほかの若鳥がヒナを守る。

⇨ P.38に登場

オオサイチョウ GREAT HORNBILL

ブッポウソウ目　サイチョウ科

分布	南アジア　東南アジア
生息環境	熱帯雨林
全長	1.5m
体重	3～4kg
社会単位	単独
生息状況	準絶滅危惧種

羽を広げると2mにもなる大型のサイチョウで、くちばしの上にあるサイのような突起が名前の由来。雑食性でイチジクの実を好んで食べるが、小型の動物や昆虫を捕食することもある。繁殖時はメスが樹洞の巣穴に閉じこもり、巣の入り口を土や糞で塗り固める。オスは食物を集め、入り口に開けた小さな穴からメスとヒナに給餌する。

⇨ P.40に登場

チーター CHEETAH

食肉目　ネコ科

分布	アフリカ　南アジア　中東
生息環境	サバンナ 乾いた草原地帯など
体長	1.1～1.3m
尾長	66～84cm
体重	39～65kg
社会単位	単独
生息状況	絶滅危惧Ⅱ類

黄褐色の地に小さな丸い黒点がある。目の内側から鼻の両脇にかけて黒い模様（涙状線）がある。生後3カ月以内の体は黒っぽく、首から背中にかけて青灰色の長毛が生える。時速100km以上で走り、中型の有蹄類や小型動物を捕食。メスは単独で行動し、一度に1～8頭の子どもを産む。子どもは生後20～23カ月で成熟し独立する。

⇨ P.42に登場

コアラ KOALA

有袋目　コアラ科

分布	オーストラリア東部
生息環境	森林
体長	65～82cm
尾長	1～2cm
体重	5.1～11.8kg
社会単位	単独
生息状況	絶滅危惧Ⅱ類

体毛は灰色から黄褐色で、あご、胸、四肢の内側は白色。食性は特異的で、数種のユーカリだけを好む。子どもははじめ母親の育児嚢の中で母乳を飲んで育つ。生後半年ほどで離乳し固形物を食べるようになるが、離乳食として母親の肛門を通った、一部消化されたユーカリの葉を食べる。一生のほとんどをユーカリの樹上で過ごす。

⇨ P.44に登場

フィヨルドランドペンギン FIORDLAND PENGUIN

ペンギン目　ペンギン科

分布	ニュージーランド南西部
生息環境	森林　沿岸部
身長	40～55cm
体重	2.5～4.8kg
社会単位	群れ
生息状況	絶滅危惧Ⅱ類

ニュージーランド南西のフィヨルドランドからスチュアート島にかけて生息し、冬は森の中に巣をつくって繁殖する。眉毛のような金色の飾り羽根をもち、頬にある3～6本の白い筋が特徴。ヒナは頭部、喉、背中が薄茶色で、腹部が白色。飾り羽根は成長とともに現れる。生後10週ほどでヒナは海に出て狩りを行えるようになる。

⇨ P.46に登場

ミーアキャット MEERKAT

食肉目　マングース科

分布	アフリカ南部
生息環境	サバンナ　乾燥した岩地
体長	25～35cm
尾長	17～25cm
体重	600～970g
社会単位	群れ
生息状況	絶滅の危険性は少ない

毛色は腹部と顔が薄い茶色、臀部に濃い縞模様。目の周りと尾の先端は黒色。社会性が高く、3～40頭ほどの群れを形成して地中につくったトンネル状の巣で生活する（ジリスが掘った穴を使うことも）。日中は巣から出て日光浴をし、その間に昆虫やヘビ、サソリなどを捕食する。群れで協力してなわばりの見張りや子育てを行う。

⇨ P.48に登場

オオフラミンゴ GREATER FLAMINGO

フラミンゴ目　フラミンゴ科

分布	アフリカ大陸沿岸部　カリブ海　南西ヨーロッパ　中東
生息環境	温暖な湿原　塩湖　干潟
身長	0.8～1.5m
体重	1.9～4kg以上
社会単位	群れ
生息状況	絶滅の危険性は少ない

温暖な湿原に生息し、汽水域や塩湖のような環境を好む。体色はピンク色で、先端が黒く、下に曲がったくちばしをもつ。数万羽規模の大きな群れで生活し、採食や子育てを共同で行う。生まれたばかりのヒナの体色は白色で、成長とともに灰色になる。親は食道の一部から分泌する真っ赤な液体（フラミンゴミルク）でヒナを育てる。

⇨ P.50に登場

マウンテンゴリラ MOUNTAIN GORILLA

霊長目　ヒト科

分布	西アフリカ
生息環境	低地の熱帯林
身長	1.4～1.8m
尾長	なし
体重	140～180kg
社会単位	群れ
生息状況	絶滅危惧IA類

体毛は黒か褐色がかった灰色。成長したオスの背中は銀白色になり、シルバーバックと呼ばれる。現存する霊長類のなかでは最大。シルバーバックと子どもを連れたメスからなる3～20頭の群れで生活する。オスは成熟すると群れを離れ、自分の群れをつくるが、うまく繁殖できるようになると、半永続的にその群れを維持するのが一般的。

⇨ P.54に登場

クロオオアリ JAPANESE CARPENTER ANT

ハチ目　アリ科

分布	日本全国　朝鮮半島　中国　アメリカ
生息環境	林　畑　里山　都市部
体長	7～12mm　17mm（女王アリ）
体重	不明
社会単位	群れ
生息状況	絶滅の危険性なし

日本中で見られ、国内では最大級。乾いて日当たりがいい地面に深さ1～2mほどの巣をつくる。クロシジミの幼虫を巣に運び込んで育て、甘い分泌液をもらう。羽をもつのは女王アリとオスアリだけで、5～6月に交尾し、その後、女王はコロニーをつくる。働きアリの寿命は1～2年だが、女王アリは10年ほど生きることもある。

⇨ P.56に登場

ハシビロコウ SHOEBILL

コウノトリ目　ハシビロコウ科

分布	アフリカ東部から中央部
生息環境	沼地　湿地帯 その周辺の草原
身長	1.1～1.4m
体重	4.5～6.5kg以上
社会単位	単独
生息状況	絶滅危惧Ⅱ類

羽毛は灰色で、頭頂部にかけて薄い灰色になる。くちばしは黄色やピンクなど個体によりさまざま。若鳥のくちばしはより濃い。高い草の生える淡水の湿地に生息し、湿地の水たまりや水路、干上がった水場で狩りをし、おもに肺魚やカエル、小型動物を食べる。水に浮いた水草の上などに巣をつくり、メスは1～3個の卵を産む。

⇨ P.58 に登場

アオウミウシ NUDIBRANCH

後鰓目《こうさいもく》 イロウミウシ科

分布	日本（本州から九州） 香港
生息環境	海岸 岩礁帯
全長	3〜4cm
体重	不明
社会単位	単独
生息状況	絶滅の危険性なし

日本の海で見られる一般的な種類。全身が青色で、黄色の斑紋と赤い触覚が特徴。体は扁平で細長く、表面はなめらか。カイメンやコケムシを捕食し、それらがもつ化学物質を体内に蓄積することで外敵の捕食から身を守っていると考えられている。雌雄同体だが単独では受精できず、2匹で精子を渡しあって両者が受精する。

⇨ P.60に登場

ライオン LION

食肉目　ネコ科

分布	サハラ南部から南アフリカ インド北西部
生息環境	サバンナ　茂みのある岩地 砂漠など
体長	2.4～3.3m
尾長	0.6～1m
体重	122～240kg
社会単位	群れ
生息状況	絶滅危惧Ⅱ類

プライドと呼ばれる絆の強い群れを形成。プライドは多くの場合、血縁のあるメスとその子どもからなり、お互いの子どもに授乳するなど協力して子育てする。オスは単独か数頭のオスグループを形成するが、繁殖時にはメスのプライドに合流し、その中のメスと交尾する。プライドはなわばりをもち、メンバーで協力して狩りを行う。

⇨ P.62に登場

ニワトリ CHICKEN

キジ目　キジ科

分布	世界各地
生息環境	飼育
全長	50～70cm
体重	0.9～5kg
社会単位	群れ
生息状況	絶滅の危険性なし

世界中で飼育されている家禽。祖先はアジア南部から東南部に生息するセキショクヤケイで、5000年以上前に家禽化されたと考えられる。コケコッコーと鳴くのはオスだけで、メスは産卵時や威嚇時しか鳴かない。羽が小さく、長く飛翔することはできない。用途に応じてさまざまな種類が家畜化され、飼育されている。

⇨ P.64に登場

ブチハイエナ SPOTTED HYENA

食肉目　ハイエナ科

分布	西アフリカから東アフリカ アフリカ南部
生息環境	サバンナ　半砂漠地帯 草原
体長	1.2～1.4m
尾長	25～30cm
体重	50～80kg
社会単位	群れ
生息状況	絶滅の危険性は少ない

くすんだ黄色から赤みがかった地色に、こげ茶で楕円形の不規則な斑紋がある。頭から背中にかけて逆立ったたてがみをもつ。メスはオスよりやや大きい。オスとメス、その子どもからなる群れ（クラン）を形成し、メスは群れのどの子どもにも母乳を与える。クランごとになわばりをもち、なわばりの見張りや狩りを共同で行う。

⇨ P.66に登場

カクレクマノミ CLOWNFISH

スズキ目　スズメダイ科

分布	日本（奄美大島以南） インド太平洋
生息環境	サンゴ礁のある浅海
全長	4〜8cm
体重	不明
社会単位	単独
生息状況	絶滅の危険性なし

体色は鮮やかなオレンジ色で、3本の白い横帯がある。体やひれに黒い縁取りがあるのが特徴。毒をもつセンジュイソギンチャクやハタゴイソギンチャクと共生する種。繁殖期になるとメスはイソギンチャクのそばの岩場やサンゴに卵を産みつけ、その後はオスが卵を守る。稚魚は生後しばらくするとイソギンチャクと共生を始める。

⇨ P.68に登場

ズキンアザラシ HOODED SEAL

食肉目 アザラシ科

分布	北大西洋から北極海
生息環境	氷山帯 大洋
体長	2.2～2.5m
体重	320～400kg
社会単位	単独
生息状況	絶滅危惧Ⅱ類

夏はおもにグリーンランド周辺を回遊する。体色はオス、メスともに灰色で黒い斑紋がある。新生児の体色は銀色。オスは鼻づらを膨らませたり、鼻腔粘膜を鼻孔から押し出したりして威嚇のための頭巾をつくる。基本的に単独生活だが、メスは出産時に浮氷上に小さな集団を形成する。授乳期間は4～5日と哺乳類のなかでは最短。

⇨ P.70に登場

イエネコ DOMESTIC CAT

食肉目　ネコ科

分布	世界各地
生息環境	飼育
体長	50～70cm
体重	2～6kg
社会単位	単独
生息状況	絶滅の危険性なし

本来は狩りをする肉食動物だが、ゴミをあさる野良猫などの食性は広い。発情期は1～3月でオスは鳴き声を発して歩き回りメスを探す。メスをめぐってオス同士の争いが起こることもあり、一般的に体重が重いオスが優位となる。出産頭数は4～5子が一般的。家畜化されたのは1万年以上前に西アジアにおいてと考えられている。

⇨ P.72 に登場

ハクセンシオマネキ FIDDLER CRAB

十脚目　スナガニ科

分布	日本　中国　朝鮮半島　台湾
生息環境	沿岸部
甲幅	2～4cm
体重	不明
社会単位	単独
生息状況	絶滅の危険性なし

オスの片方のハサミ脚は白く大きい。これを上下に動かすウェービングという行動でメスに求愛する。海岸付近の干潟や砂地に浅い穴を掘って個別に暮らすが、雌雄混合のコロニーを形成する。オスの求愛に応じたメスはオスの巣に入り交尾、出産を行う。食性は干潟表面の微生物で、砂や泥と一緒に小さいほうのハサミ脚ではさんで口に運ぶ。

⇨ P.76 に登場

チンパンジー CHIMPANZEE

霊長目　ヒト科

分布	西アフリカから中央アフリカ
生息環境	熱帯雨林
身長	70～92cm
尾長	なし
体重	30～40kg
社会単位	群れ
生息状況	絶滅危惧IB類

体毛は黒色が一般的。15～120頭の群れで生活するが、そのなかの数頭がグループになり行動することもある。サブグループの構成は流動的で、グルーミングや食物の有無によって変化する。主食は果実や葉だが、鳥などの小型動物を捕食することも。シロアリを巣から突き出すための道具をつくって使うなど非常に高い知能をもつ。

⇨ P.78 に登場

カワセミ EURASIAN KINGFISHER

ブッポウソウ目　カワセミ科

分布	ヨーロッパ　アジア　北アフリカ
生息環境	海岸　川や湖の水辺
全長	約16cm
体重	30～35g
社会単位	単独
生息状況	絶滅の危険性なし

体はスズメほどの大きさだが、大きなくちばしをもつ。美しい翡翠色の羽をもつが、光の加減によっては緑に見えることも。おもに水辺で暮らし、高い場所から水中に飛び込んで魚や水生昆虫を捕食する。繁殖期にはオスがメスへ獲物をプレゼントする求愛給餌が見られる。川や沼の土手に巣穴をつくり、つがいで子育てを行う。

⇨ P.80に登場

ニホンアマガエル JAPANESE TREE FROG

無尾長目　アマガエル科

分布	日本（北海道から九州）
生息環境	水辺　森林
体長	2～5cm
体重	不明
社会単位	単独
生息状況	絶滅の危険性なし

体色は背中側が黄緑色、腹側は白色。目の後ろに黒い筋模様がある。指先に丸い吸盤があり、ガラス面なども垂直に登ることができる。産卵時以外は水に入らず陸地で生活する。肉食でおもに小さな昆虫やクモを捕食する。動いているものを捕食する性質があり、死骸などは食べない。同一種が朝鮮半島や中国、ロシア沿岸などに分布する。

⇨ P.82に登場

モズ BULL-HEADED SHRIKE

スズメ目　モズ科

分布	東アジア　東南アジア
生息環境	森林　山地　農耕地
全長	約20cm
体重	31～44g
社会単位	単独
生息状況	絶滅の危険性なし

オスは頭部から後頸がオレンジ色で背中は青灰色、翼に白い斑紋をもつ。メスの翼には斑紋がなく、頭部から後頸が褐色、背中は薄い灰色から褐色。雌雄ともに目の周りに黒い筋模様があるが、オスのほうが目立つ。日本では留鳥として北海道から九州まで分布するが、北部や山地に生息する個体は秋に移動することもある。

⇨ P.84に登場

ニホンジカ SIKA

偶蹄目　シカ科

分布	東アジア　東南アジア
生息環境	森林　草原地帯
体長	0.9～1.9m
尾長	12～20cm
体重	25～130kg
社会単位	群れ
生息状況	絶滅の危険性なし（一部地域では絶滅のおそれのある地域個体群に指定）

夏毛は黄茶色や褐色で尾は白。体に白い斑紋がある。冬毛は灰褐色。発情期以外は雌雄分かれて行動し、同性同士の群れをつくる。秋の発情期までにオスの角の皮膜が剝がれ角本体が露出する。オスの群れは解消され、メスをめぐった争いが起きる。優位のオスはなわばりをもち、多くのメスを囲い込んだハーレムをつくり、繁殖する。

⇨ P.86に登場

オオニワシドリ GREAT BOWERBIRD

スズメ目　ニワシドリ科

分布	オーストラリア北部
生息環境	森林
全長	32〜35cm
体重	約230g
社会単位	単独
生息状況	絶滅の危険性は少ない

ニワシドリのなかで大型の種類。体色は全体が灰色で、オスは首の上に小さく目立つピンク色の斑をもつ。ニワシドリ科の鳥はメスに求愛するためにかれ枝などを使ったあずまやをつくり、ほとんどの場合、明るく光沢のある物を集めて装飾を施す。オオニワシドリは白やグレーの物を集める傾向があり、小石や貝殻、骨などが多い。

⇨ P.88に登場

チョウチンアンコウ ATLANTIC FOOTBALL-FISH

アンコウ目　チョウチンアンコウ科

分布	世界各地
生息環境	深海
全長	約4cm（オス）／約61cm（メス）
体重	約0.5g（オス）／約11kg（メス）
社会単位	単独
生息状況	絶滅の危険性なし

アンコウ目チョウチンアンコウ科の魚の総称。おもに大西洋の温帯から熱帯にかけての深海に分布する。一般的にメスはオスよりも大きく、体は球形に近い。背びれの一部が長くのび、先端に発光器をもつ。光が届かない暗い深海でこれをゆり動かすことで小魚などを誘引し捕食すると考えられている。名前の由来もその習性から。

⇨ P.90に登場

オオミノガ BAGWORM

チョウ目　ミノガ科

分布	日本各地
生息環境	里山　畑
体長	3.8～5cm（ミノ）
体重	不明
社会単位	単独
生息状況	一部地域では絶滅の危険性が高まっている

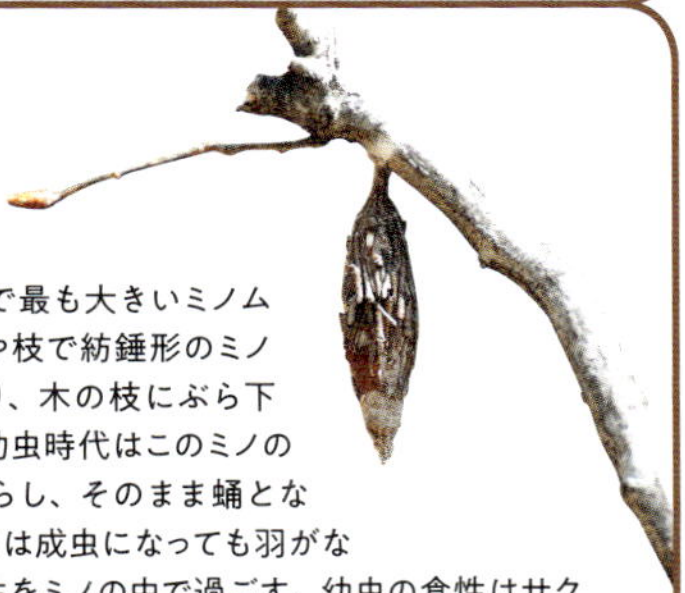

日本産で最も大きいミノムシ。葉や枝で紡錘形のミノをつくり、木の枝にぶら下がる。幼虫時代はこのミノの中で暮らし、そのまま蛹となる。メスは成虫になっても羽がなく、一生をミノの中で過ごす。幼虫の食性はサクラ、ウメ、オニグルミなどの葉で、食性植物にミノをつける。近年は寄生バエの影響で生息数が激減している。

⇨ P.92に登場

トラ TIGER

食肉目　トラ科

分布	南アジア　東アジア
生息環境	森林　熱帯雨林　マングローブ帯　山岳帯
体長	2.4～3.1m
尾長	60～110cm
体重	100～260kg
社会単位	単独
生息状況	絶滅危惧IB類

ネコ科のなかで最も大きく、オレンジ色の被毛に黒い縞をもつ。おもに夜間に単独で狩りを行い、シカなどの大型哺乳類や鳥、爬虫類、魚などの小型動物も捕食する。8亜種が認められていたが、3種は絶滅し、現存するのはベンガルトラ、アムールトラ、スマトラトラ、アモイトラ、マレートラの5亜種のみ。いずれも絶滅の危険性が高い。

⇨ P.96に登場

カピバラ CAPYBARA

ネズミ目　カピバラ科

分布	南アフリカ北部と東部
生息環境	水辺とその周辺の草原
体長	1.1〜1.3m
尾長	痕跡的
体重	35〜66kg
社会単位	群れ
生息状況	絶滅の危険性は少ない

世界最大のげっ歯類。指に部分的に水かきがあり、水中を上手に泳ぐ。目と耳、鼻が頭の上部にあり、泳いでいるときも水面から出るようになっている。群れの形態はつがいや子どもを含む家族、オスを中心とした複数のメスによる集団などさまざま。メスは出産時に群れを離れるが3〜4日で群れに戻り、メス同士が共同で哺育する。

⇨ P.98 に登場

クロザル CELEBES MACAQUE

霊長目　オナガザル科

分布	インドネシアのスラウェシ島
生息環境	熱帯雨林
体長	52～57cm
尾長	2.5cm
体重	約10kg
社会単位	群れ
生息状況	絶滅危惧IA類

体毛は黒く、ピンク色の尻だこをもつ。顔も黒色で、はっきりした鼻梁が特徴。頭の毛は逆立っており、冠毛になることから、タテガミクロザルとも呼ばれる。尾は非常に短く目立たない。100匹を超える雌雄混合の群れで暮らすが、他のオナガザル科の種より穏やかで、一般的に静かなサルとされる。雑食性で果実を好んで食べる。

⇨ P.100に登場

ラッコ SEA OTTER

食肉目　イタチ科

分布	北太平洋
生息環境	沿岸部
体長	1～1.5m
尾長	13～33cm
体重	21～28kg
社会単位	群れ
生息状況	絶滅危惧IB類

最も小型の海洋哺乳類で、一生のほとんどを海上で過ごす。体毛は上部が濃い茶色で頭部は麦わら色。幼獣は一様に濃い茶色。非常に厚い被毛をもち、1㎠あたり15万本ほどと密度も高い。前足には出し入れできる爪があり、獲物をつかんだり、毛皮の手入れをするのに適している。貝類を好み、強いあごで殻を割って食べる。

⇨ P.102 に登場

ザトウクジラ HUMPBACK WHALE

クジラ目　ナガスクジラ科

分布	極海から熱帯海域
生息環境	外洋　沿岸部
全長	13～14m
体重	65t
社会単位	群れ
生息状況	絶滅の危険性は少ない

体色は、背中は濃い青色や灰色、腹部に淡い青から白の模様がある。夏は食物が豊富な極地の海で過ごし、冬は子育てのために温暖な低緯度地方の海へ移動する。小さな群れで協力して魚の群れを追い込むバブルネットフィーディングなど、さまざまな狩りの方法をもつ。オスは個体ごとに特徴のある鳴き声を発し、クジラの歌と呼ばれる。

⇨ P.104 に登場

ジャコウウシ MUSKOX

ウシ目　ウシ科

分布	北アメリカ北部　グリーンランド
生息環境	ツンドラ
体長	1.9～2.3m
尾長	9～10cm
体重	200～410kg
社会単位	群れ
生息状況	絶滅の危険性は少ない

体毛は濃い茶色で背中の中央が白色。オスもメスも幅の広い角をもつ。夏は植物の根やコケ類を求めてツンドラを歩き回り、冬はひづめで雪の中から植物を掘り出して食べる。おもにメスとその子どもからなる群れを形成し、オスは単独か少数のグループで行動するのが一般的。発情期にオスが強いじゃこう臭を発することが名前の由来。

⇨ P.106に登場

インドクジャク INDIAN PEAFOWL

キジ目　キジ科

分布	アジア南部
生息環境	落葉樹林帯　熱帯雨林 農耕地
全長	1.8～2.3m
体重	4～6kg
社会単位	単独
生息状況	絶滅の危険性は少ない

オスは虹色の光沢がある長い飾り尾をもち、扇のように広げて求愛する。飾り尾は尾ではなく長く伸びた尾筒で、カラフルな目玉模様をもつ。メスには飾り尾も目玉模様もなく、一般的に目立つオスを繁殖相手に選ぶ。オスは巣づくりや子育てに参加せず、メスが単独で行う。夜は外敵から身を守るため、高い木の上などで休息する。

⇨ P.108に登場

ニシツノメドリ ATLANTIC PUFFIN

チドリ目　ウミスズメ科

分布	北大西洋　北太平洋
生息環境	沿岸部　大洋　氷上
全長	28～30cm
体重	約400g
社会単位	群れ
生息状況	現在、絶滅危惧Ⅱ類

太く鮮やかなオレンジ色のくちばしが特徴。縦に数本の筋があり、赤、黄、青灰色の模様がある。夏は顔が白く、くちばしも鮮やかだが、冬は顔が灰色でくちばしもくすんだ色になる。普段は外洋で過ごすが、繁殖期には沿岸の岩場に集団で営巣し、巣穴を掘って出産、子育てをする。水深60mほどまで潜水でき、小型の魚などを捕らえる。

⇨ P.110に登場

監修｜今泉忠明
文｜小林百合子
デザイン｜大島依提亜
絵｜小幡彩貴
写真提供｜太田達也（P.118）
校正｜末吉桂子
編集｜小林百合子
神谷有二（山と溪谷社）

主な参考文献

『動物大百科』〈1〉～〈10〉（平凡社）
『世界動物大図鑑』（ネコ・パブリッシング）
『道ばたのイモムシ・ケムシ』（東京堂出版）
『シオマネキ 求愛とファイティング』（海游舎）
『うれし、たのし、ウミウシ。』（岩波書店）
『ヘンダーソン生物学用語事典』（オーム社）

いきもの人生相談室　動物たちに学ぶ47の生き方哲学

2018年3月30日　初版第1刷発行

発行人　川崎深雪
発行所　株式会社山と溪谷社
〒101-0051　東京都千代田区神田神保町1丁目105番地
http://www.yamakei.co.jp/
印刷・製本　図書印刷株式会社

◎乱丁・落丁のお問合せ先
山と溪谷社自動応答サービス　TEL.03-6837-5018
受付時間／10:00-12:00、13:00-17:30（土日、祝祭日を除く）

◎内容に関するお問合せ先
山と溪谷社　TEL.03-6744-1900（代表）

◎書店・取次様からのお問合せ先
山と溪谷社受注センター　TEL.03-6744-1919　FAX.03-6744-1927

＊定価はカバーに表示してあります。
＊乱丁・落丁などの不良品は、送料当社負担でお取り替えいたします。

Printed in Japan
ISBN978-4-635-55017-8